부의 진리

삼성전자를 사야 하는 이유

부의 진리

삼성전자를 사야 하는 이유

이영주 지음

일에일북

자본주의 시대,
부의 진리에 도달하는 방법

자본주의(資本主義). 자본이 주인이라는 뜻이다. 자본은 돈이다. 따라서 자본주의는 돈이 주인이 되는 사회, 돈 가진 사람이 주인이 되는 세상이다. 좀 더 쉽게 말하자면 돈이면 다 되는 세상이다. 어렵게 풀어서 해석할 필요도 없이 단어 자체가 그렇다. 우리는 지난 수십 년간 자본주의 사회에서 살아왔고, 자본주의라는 단어를 하루에도 몇 번씩 말하고 듣는다.

하지만 한 번도 그 뜻을 제대로 생각해본 적이 없다. 돈이 전부인 세상에 살면서 돈에 대해 잘 모른다. 돈에 대해 가르치지도 않고 배우려 하지도 않는다. 심지어 돈을 천시하거나, 돈 가진 사람을 나쁜 사람으로 몰기도 한다. 그리고 돈이 중요하다고 강조하면,

세상에는 돈보다 더 아름다운 가치—예를 들면 사랑, 평화, 행복, 평등, 정의—가 있다며 이런 것을 더 중요시해야 한다고 반박한다.

필자도 그렇게 배웠다. 세상은 공평해서 열심히 일하면 노력한 만큼 돈을 벌 수 있고, 능력이 모자라서 돈을 조금 덜 벌어도 얼마든지 행복할 수 있다고 배웠다. 그렇게 수십 년을 살아왔다.

그런데 자본주의 세상을 살아온 결과를 보면 배운 것과는 정반대다. 열심히 일하며 노력한 만큼 노동의 대가를 받아온 사람보다, 부동산으로 돈을 굴려가며 자본 소득을 창출한 사람들이 더 많은 돈을 벌었다. 평등을 중시하며 정의롭게 살려고 노력한 사람보다, 정의롭지 않은 방법으로 더 많은 기회를 가져간 사람들이 더 많은 돈을 벌었다. 평화, 행복, 정의 같은 아름다운 가치가 중요하다고 생각한 사람보다, 돈이 최고라고 생각한 사람들이 실제로는 더 아름답고 평화롭고 행복한 삶을 살고 있다.

통계를 보더라도, 소득 상위 가정의 결혼율이 소득 하위 가정의 결혼율보다 훨씬 높다. 이혼율 역시 소득 상위 가정이 소득 하위 가정보다 훨씬 낮다. 돈이 있는 사람들이 가정을 더 잘 꾸리고, 더 잘 지키며, 더 행복하게 살고 있는 것이다.

처음엔 돈을 많이 가진 자들을 나쁘다고 생각했다. 노력에 비해 큰돈을 벌고, 때로는 정의롭지 못한 방법으로 타인의 기회를 빼앗아가는 그들을 사회악이라고 생각했다. 하지만 결론적으로 보면 그들은 현명한 사람들이었고, 오히려 내가 바보였다. 공평한 기회가 주어지는 세상을 만들겠다는 정치인들의 구호를 믿으며 하루하루 열심히 버티고 있는 내가 바보였다.

물론 정의는 반드시 승리한다고 〈로보트 태권V〉에서 그랬듯이, 시간이 흘러가면 언젠가는 사랑, 평화, 행복, 평등, 정의가 가득한 시대가 올지도 모르겠다. 하지만 먼 미래에 그런 사회가 도래한다 하더라도 내가 살고 있는 지금 이 시대에 오지 않으면 무슨 소용일까? 수백 년 후에 오면 뭐하나? 나는 어차피 길어야 100여 년을 살다 갈 뿐인데….

'사필귀정(事必歸正)'이라는 말이 있다. 세상 모든 일은 결국 올바른 것으로 돌아간다는 말이다. 과연 그럴까? 세상을 살아보니 마지막 글자 '정'은 '바를 정(正)'이 아니고 '정할 정(定)'이 더 맞는 것 같다. 올바른 것으로 돌아가는 게 아니라 원래부터 정해진 것으로 돌아간다는 말이다. 정해진 것이 올바른 것일 수도 있지만 그렇지 않을 수도 있다.

사람들은 진리를 찾고 싶어 한다. 진리(眞理)는 참된 이치다. 대부분의 사람들은 참된 것이 올바른 것이라 생각한다. 하지만 참된 것이 반드시 올바른 것은 아니다. 참의 반대말은 '거짓'이고, 참되다는 뜻은 '맞다'는 뜻이기 때문이다. 세상이 올바른 방향으로 간다면 올바른 것이 참이다. 하지만 세상이 올바른 방향으로 가지 않는다면 올바르지 않더라도 그것이 참이다.

자본주의는 돈이 전부인 세상이다. 돈을 많이 가진 사람이 올바른지 아닌지를 논쟁하는 일은 아무런 의미가 없다. 확실한 것은 이 사회에서 생존하려면 돈이 있어야 하고, 돈의 중요성은 앞으로 더 더욱 커진다는 사실이다. 돈이 주인인 사회에서 돈을 가지려면 돈에 대해 알아야 하고, 이 사회가 어떻게 돌아가고 있는지 알아야 한다. 자본주의를 알아야 자본주의 사회에서 살아남을 수 있다.

혹시 아직까지도 자녀에게 돈을 몰라도 열심히 노력하기만 하면 부자가 될 수 있고 돈이 없어도 행복할 수 있다고 가르치고 있다면 이 책을 반드시 읽기 바란다. 자본주의가 좋아서 알아야 하는 게 아니라 자본주의에서 탈출할 수 없기 때문에 배워야만 한다.

또한 정치인이나 대통령이 아름다운 세상을 만들어줄 거라고 생각하고 있어도 이 책을 꼭 읽기 바란다. 그들이 우리를 속이는 게 아니다. 그들은 정말로 아름다운 세상을 만들고 싶을지도 모른다. 하지만 자본주의의 진리를 정확히 판단하지 못하면, 아름다운 세상을 만들려는 노력이 자본주의를 더 심화시킬 뿐이다.

이미 우리 사회는 자본주의의 늪에 빠져 있다. 늪에 빠지면 살려고 발버둥칠수록 더 빨리 죽게 된다. 설령 일부 정책이 자본주의의 심화 속도를 늦춰준다 하더라도 그 흐름 자체를 막을 수는 없다.

자본주의 시대, 부의 진리를 알아야 생존할 수 있다.

2장 부의 진리에 가까워지는 금융에 관한 진실

5장 부의 진리를 깨닫는 마지막 방법

투자시장이란, 참을성 없는 개미로부터
인내심 강한 투자자에게 자산을 이전하는 시스템

_ 워런 버핏(Warren Buffett)

부익부빈익빈, 앞으로 우리는 더 가난해진다

부익부빈익빈 사회에서 가난한 사람이 더 가난해지는 근본적인 이유는 빈자가 부자가 되려고 어설프게 노력하기 때문이다. 돈을 벌려면 부자들과 똑같은 조건을 갖추거나, 아니면 아예 포기해라. 어설픈 노력과 어설픈 투자를 해봤자 부자가 되는 것이 아니라 가진 것마저 부자에게 빼앗기게 될 뿐이다. 이말인즉 돈을 벌려면 부자와 같은 배를 타야 하기 때문에 어설픈 지역에 사지 말고 강남 부동산에 투자하거나, 어설픈 종목을 사지 말고 삼성전자 주식에 투자하라는 뜻이다.

돈은 사라지지 않는다,
이전될 뿐이다

이자는커녕 원금 다 날릴 판? ··· 1조 판매 금융상품 '폭탄'

헤지펀드의 위험한 돌려막기

라임운용, 3개 펀드 만기상환 실패 ··· 사모펀드의 잇단 '잔혹사'

최근 들어 일반 금융 소비자를 대상으로 한 금융사고가 빈번하게 발생하고 있다. 한 번쯤 투자를 고민했던 사람이라면 '내가 저걸 안 샀으니 망정이지. 아무 생각 없이 투자했더라면 투자금을 모두 날리는 거잖아?'라며 가슴을 쓸어내리게 하는 기사들이 뉴스에 종종 보도된다.

　한편 투자 경험이 없거나 투자를 싫어하는 사람들은 이렇게 생각할지도 모른다.

　'모르면 하지 말았어야지. 누가 겁도 없이 투자하라고 했나?'

　'나는 애초부터 투자 같은 건 안 하니까 저런 금융사고를 당할 일은 없어.'

다음 차례는
바로 당신이다

●

금융사고를 당한 사람들이 오랫동안 투자를 해왔던 투자자였을까? 엄청 위험한 투자상품이라는 걸 알면서 가입했을까? 그렇지 않다. 손실을 본 대부분의 투자자들은 본인이 무슨 상품에 가입했는지조차 잘 모르는 사람들이다. 아니, 투자상품이라는 사실조차 모르는 사람들도 많다. 대부분은 평생 은행만 이용하며 원금 보장이라는 단어를 무한 신뢰하는 평범한 사람들이었을 뿐이다. 다시 말하자면, 지금 사고를 당한 사람과 아직 당하지 않은 사람 간에 차이가 없다는 것이다. 아직 사고를 당하지 않은 것은 지금까지 운이 좋았던 것일 뿐, 사고는 누구든지 언제나 당할 수 있다.

　예전에는 듣도 보도 못했던 중소형 금융회사나 사설 투자회사에서 금융사고가 많이 발생했다. 그랬기에 은행이나 증권사 같은 대형 금융회사를 이용하는 평범한 사람들이 금융사고를 걱정할 일은 없었다. 하지만 최근에 발생하는 금융사고는 시중은행, 증권사에서 버젓이 판매되는 금융상품에 문제가 터진다. 벌건 대낮에 눈 뜨고 코 베이는 일, 믿었던 도끼에 발등 찍히는 일이 벌어지고 있는 것이다.

금융사고 통계를 보더라도 예전에는 소액이었던 반면, 지금은 한 번에 1천억 원 이상의 손실이 발생하는 대형 금융사고가 늘어나는 추세다. 즉 과거에는 금융사고가 공격적으로 투자하는 소수에게나 벌어지는 일이었지만, 지금은 투자 여부와 관계없이 누구에게나 금융사고가 발생할 수 있다. 결국 평범한 서민들이 평생 동안 차곡차곡 모아온 쌈짓돈이 하루아침에 날아가는 일이 더 많아질 것이다.

그런데 관련 뉴스나 기사 중에 문제의 원인을 정확히 짚어주는 보도는 거의 없다. 대부분이 금융회사의 상품 설명 부실과 불완전판매, 상품 자체의 문제점, 금융감독기관의 부적절한 감독 등에 대한 내용이다. 금융사고를 방지하려면 이런 문제가 개선되어야 한다며 날을 세운다.

과연 그럴까? 상품을 잘 만들고, 잘 판매하고, 잘 감독하면 금융사고가 사라질까? 그렇지 않다. 그런 기사들이 당장 엄청난 금액을 날린 투자자들의 분한 감정을 일시적으로 식혀줄 수는 있겠지만 문제의 근본적인 해결책을 제시하지는 못한다. 제도적으로 많은 부분이 개선된다 하더라도 현재의 복잡한 금융 파생상품 구조가 변하지 않는 한 이런 금융사고가 앞으로도 계속 발생할 수 있기 때문이다.

누가 내 돈을
가져갔을까?

이런 금융사고를 보면 진짜 궁금한 게 있다.

"수많은 투자자가 날린 돈, 1조 원에 가까운 그 돈은 다 어디로 갔을까?"

제도를 개선하고 감독을 잘하는 것도 중요하지만 궁극적으로는 이 질문에 대한 답을 찾는 것이 문제의 본질이자 핵심이다. 투자자들이 날린 돈이 불타서 사라졌을까? 그랬다면 차라리 다행일 수도 있다. 어차피 내가 못 가지는 돈, 남도 못 가지는 거니까. 하지만 실상은 그렇지 않다. 투자자들이 날린 1조 원은 하늘로 사라진 것이 아니라 누군가의 호주머니로 들어갔다. 자본주의 사회에서 우리가 반드시 명심해야 할 부분이 바로 이것이다.

투자나 파생상품을 연구해보면, 외형적으로는 매우 복잡해 보이지만 그 구조는 매우 간단하다는 걸 알 수 있다. 누군가 수익을 얻으면 누군가는 손실이 생기는 제로섬(zero sum, 게임이나 경제 이론에서 여러 사람이 서로 영향을 받는 상황에서 모든 이득의 총합이 항상 제로 또는 그 상태) 구조다. 예를 들어 다음과 같은 조건의 투자상품이 있다고 가정해보자.

> 삼성전자가 앞으로 1년 내에 40% 넘게 떨어지지 않으면 5%의 수익을 지급합니다. 하지만 한 번이라도 40% 넘게 떨어지면 원금 손실이 발생합니다.

이런 조건을 들으면 대다수의 사람들은 '삼성전자가 1년 내에 40%나 떨어지겠어?'라고 생각할 것이다. 하지만 극소수의 사람들은 '삼성전자라고 떨어지지 말라는 법 있나?'라고 생각할 수도 있다. 결국 이 상품은 삼성전자의 주가를 믿는 다수의 사람들과 그렇지 않은 소수의 거래가 된다.

1년이 지나서 삼성전자 주가가 40% 넘게 떨어진 적이 없다면 다수에게 5%의 수익이 지급될 것이고, 소수는 투자한 돈을 잃게 된다. 하지만 만약 삼성전자 주가가 40% 넘게 떨어진다면 다수가 원금 손실을 입고 그들에게 발생한 손실이 소수에게 배분되므로 소수는 엄청난 이익을 챙기게 된다.

사람들은 금융상품이 투자를 통해 돈을 버는 방법이라고 생각하지만 이는 매우 잘못된 생각이다. 금융상품은 일정한 조건하에서 투자자의 돈을 이전하는 시스템일 뿐이다. 결과를 맞게 예측한 사람은 수익이 생기고, 결과를 틀리게 예측한 사람은 손실이 생긴다. 투자의 귀재 워런 버핏은 투자시장을 다음과 같이 정의했다.

> 참을성 없는 개미로부터 인내심 강한 투자자에게 자산을 이전하는 시스템

투자시장에서는 결과를 예측하는 일보다 더 중요한 요소가 인내심이고, 투자시장은 인내심이 강한 사람이 그렇지 못한 사람의 자산을 가져가는 시스템이라고 본 것이다.

빈자에게서
부자에게로

●

돈이 이전되는 그 자체가 나쁜 건 아니다. 돈이 누군가에게서 다른 사람에게로 이전되고 순환하는 과정은 정상적이고 자연스러운 현상이다. 마치 심장에서 생성된 피가 핏줄을 타고 온몸으로 흐르는 것과 같다. 피가 순환하지 않으면 사람이 죽듯이, 시장경제에서 돈이 순환하지 않고 묶여 있는 상태가 오히려 더 위험하다. 하지만 자본주의 사회에서 돈의 이전은, 돈이 골고루 순환하지 않고 한 방

향으로, 즉 빈자에게서 부자에게로 집중되는 것이 문제다. 그 결과 빈자들은 점점 더 가난해지고 부자들은 더더욱 부자가 되는 부익부빈익빈이 심화된다.

문제의 본질은 금융상품 자체에 있지 않다. 금융사고가 터졌다고 한동안 소란을 떨면서 금융상품을 바꾸거나 금융 시스템을 개선한다고 해서 상황이 달라지진 않는다. 본질적인 문제는 자본주의라는 시스템이다. 역사가 이미 증명하듯이 자본주의 시스템은 부익부빈익빈을 심화할 수밖에 없다. 그리고 이 현상은 앞으로 더더욱 가속될 것이다.

부익부빈익빈을 완화하기 위해 정부에서 세금을 올리고 각종 복지 정책을 강화할 수 있다. 하지만 그런 노력으로 부익부빈익빈의 속도를 늦출 수는 있어도 큰 흐름을 막을 수는 없다. 문제의 본질은 돈이 주인이 되는, 돈 가진 사람이 주인이 되는 자본주의 시스템에 있으므로, 수십, 수백 년이 흘러 자본주의 체제가 바뀌지 않는 이상 근본적인 개선은 불가능하다. 현재 상황에서는 자본주의 체제가 무너지거나 바뀔 가능성은 없어 보인다.

빈익빈, 우리는 왜
더 가난해지는가?

자본주의 사회에서 부정할 수 없는 단어가 바로 부익부빈익빈이다. 실제로 자본주의를 도입하고 수십 년이 흐른 결과, 시간이 지날수록 부익부빈익빈이 점점 더 심화되는 것을 이 땅에 사는 누구나 체감하고 있다. 대한민국이 자유민주주의 공화국이라는 사실은 누구나 알지만, 자유주의라는 미명하에 역사상 그 어느 때보다도 빈부 격차가 심해진 계급 사회라는 것도 동시에 느끼고 있다.

가난한 사람이 부자가 되려고
노력하기 때문이다

●

돈이 주인인 자본주의 세상에서 이미 돈을 가지고 있는 부자들은 돈을 이용해 더 큰 부를 확장해간다. 하지만 미처 돈을 가지지 못한 일반 서민들은 시간이 지날수록 빈자로 전락해가고 있다. 그렇다면 자본주의 사회에서 서민들이 더 가난해지는 이유는 뭘까?

이 질문을 던지면 대부분 이런 답이 돌아온다.

"월급은 안 오르는데 물가는 오르기 때문이죠."

"일자리가 없어서 소득은 줄어드는데 소비는 줄일 순 없잖아요."

겉으로 보기에는 맞는 답인 듯하다. 하지만 이 대답들을 정리해보면, 서민이 더 가난해지는 근본적인 원인은 바로 '가난한 사람이 부자가 되려고 노력하기 때문'이다. 이 말을 처음 듣는 사람은 무슨 의미인지 잘 이해되지 않을 것이다.

"나는 열심히 노력하고 있는데 내가 가난해지는 이유가 나 때문이라고? 그것도 부자가 되려고 노력해서라고?"

"나는 부자가 될 권리도 없나?"

이렇게 반문하는 것이 당연하다. 그도 그럴 것이, 자본주의의 노예가 되면 처음에는 자신이 노예라는 걸 부정하려 하지만 시간이 흐르면 그 사실조차 망각하게 되니까. 자본주의 사회에서 무의식적으로 하는 행동이 자기도 모르는 사이에 스스로를 가난하게 만들고 있다는 사실을 인지하기가 쉽지는 않다. 하지만 잘 이해되지 않더라도 반드시 알아야 한다. 내가 가난해지는 이유는 바로 빈자인 내가 부자가 되기 위해 노력하기 때문이다. 부자가 되려고 노력하면 왜 더 가난해지는지 예를 들어보자.

나는 자녀를 학원에 보내지 않는다

●

필자에게는 아들 2명이 있다. 첫째는 고1, 둘째는 중1이다. 대한민국 중고등학생의 스케줄은 거의 획일적으로 정해져 있다. 학교를 마치면 하루에도 2~3개의 학원 스케줄을 소화하고, 밤늦게까지 밀린 숙제를 한다. 주말에는 평일에 다니지 못한 다른 과목의 학원을 다니며 보충수업을 한다. 일반적인 가정에서 하는 게 이 정도고, 돈 좀 있고 교육열이 높으면 개인 과외와 체험 활동 등 훨씬 더 많은 일정을 소화해야 한다. 중학교부터 시작하면 이미 늦었고 초등학교 때부터 시작해서 대학에 입학하기까지 짧게는 6~7년, 길게는 10년 이상을 사교육에 올인한다. 이것이 대한민국 교육의 현실이다. 거의 대부분의 학부모가 이런 방식으로 자녀를 교육하고 있다.

하지만 필자는 고등학생 아들을 학원에 보내지 않는다. 3년 전, 중학교 1학년 때 첫째 아들이 학교에서 실시한 수학 시험 성적표를 들고 왔다. 60점이었다. 초등학교 때까지는 수학 실력에 큰 문제가 없어 항상 90점 이상을 맞았는데, 중학교 수학은 따라가기 어려운 모양이었다. 아들을 불러놓고 야단쳤다.

"너 공부 안 하니? 이래가지고 대학에 가겠니? 어떻게 할래?"

야단을 맞던 아들이 조용히 이야기를 꺼냈다.

"아빠, 저도 학원 다녀야겠어요."

친구들 대부분이 학원을 다닌다며 자기도 학원을 보내달라고 했다.

"학원 다니면 성적 올릴 수 있어? 그럼 당장 다녀."

그래서 아들은 6개월간 학원을 다니며 열심히 공부했다. 6개월 후 다시 수학 시험을 보았는데 이번에는 성적이 많이 올라서 80점을 받아 왔다.

자, 이제 어떻게 해야 할까? 아마도 많은 학부모는 아이를 학원에 보낸 데 보람을 느끼며 조금 더 노력하면 성적이 오를 거라고 생각할 것이다. 그리고 아이의 미래를 생각하며 쉽지 않지만 더 많은 돈을 자녀의 학원비에 투자하지 않을까? 그런데 당연한 것 같은 이 행동이 바로 문제의 시작이다. 80점이 적힌 성적표를 보며 아들에게 말했다.

"학원 그만 다녀."

"왜요? 조금 더 다니면 성적이 더 오를 것 같은데요?"

"성적이 더 오를 순 있겠지. 하지만 100점을 맞을 수는 없잖아."

"꼭 100점을 맞아야 해요?"

"응, 100점 맞아야 해. 100점 못 맞을 거면 학원 다니지 마!"

우리의 대화를 보며 이상하다고 생각할 수도 있다. 하지만 세상을 조금만 더 정확히 보고 진지하게 생각해보자. 수학 점수 60점과 80점이 아이의 인생에서 어떤 차이가 있을까?

더 이상 개천에서
용이 나지 않는다

●

수학 점수 60점과 80점은 차이가 없다. 어차피 100점을 맞지 못하면 일류 대학에 갈 수 없다. 한 문제만 틀려도 쉽지 않다. 일류 대학에 가지 못하면 아무 대학이나 가야 한다. 그리고 점수가 낮으면 자기가 하고 싶은 전공이 아니라 점수에 맞춰 전공을 선택해야 한다. 공부를 열심히 해서 대학을 졸업해도 본인의 전공과 관련된 직장에 일자리를 찾을 수 없다. 결국 대부분의 졸업생이 구직에 실패하거나, 구직을 하더라도 전공과 관계없는 일을 해야 한다.

물론 일류 대학에 간다고 무조건 좋은 직장에 들어가고 전공과 관련된 일을 하는 것도 아니다. 하지만 대기업이라 불리는 어엿한 직장에 들어가기가 훨씬 수월하고, 대기업에 취업해서도 큰 실수만 하지 않으면 평생 먹고사는 데 문제가 없다.

예전에는 열심히 공부해서 조금씩 점수를 올리면 더 나은 대학에 갈 수 있었다. 조금 더 나은 대학에 가면 조금 더 나은 직장에 취직하고 조금 더 나은 대우를 받을 수 있었다. 하지만 지금은 그렇지 않다. 일류 대학을 졸업하지 않으면 가뜩이나 좁아진 취업시장에서 어느 대학을 나오건, 어떤 전공을 하건 간에 제대로 된 일자리를 갖기가 쉽지 않다. 이런 일이 앞으로 더더욱 심해질 것도 분명한 사실이다.

우리가 사는 세상은 이미 부익부빈익빈이 심화된 자본주의 사회다. 조금 더 열심히 노력해서 단계를 올릴 수 있는 세상이 아니다. 만일 자녀가 스스로 공부해서 98점을 맞는다면 학원을 보내도 된다. 아니, 보내야 한다. 조금만 더 노력하면 100점을 맞을 수 있기 때문이다. 그런데 열심히 했는데도 80점밖에 맞지 못한다면, 돈을 더 들여서 90점으로 올릴 수는 있겠지만 100점을 맞을 확률은 거의 없다. 어차피 100점을 받지 못할 자녀에게 수학 점수 몇 점을 더 올리자고 학원에 보내야 할까?

아이에게 수학 학원을 계속 다니면 어떤 일이 벌어지는지 이야기했다.

"네가 수학 학원을 다닌다 해도 네 인생에는 차이가 없어. 어차피 일류 대학을 가지 못하면 그 대학이 그 대학이고, 어느 대학에서 어느 전공을 해도 어차피 취직 자리 구하기는 하늘의 별 따기야. 그리고 설령 직장을 구하더라도 네가 배운 공부와는 전혀 관계없는 일을 하게 될 거야. 네 인생은 차이가 없는데 학원을 계속 보내면 아빠는 점점 더 가난해져. 너 학원 보내느라 노후 준비도 힘들어지지. 그런데 학원 선생은 부자가 돼. 이제 알겠니? 아빠가 왜 이런 무의미한 결정을 해야 하지? 지금부터 학원 다니지 마. 대신 너한테 들어갈 학원비를 매달 저축할게. 그래서 나중에 네가 사회생활 시작할 때 목돈을 마련해줄게. 이렇게 하는 게 자본주의 사회에서 너도 살고 나도 사는 일인 것 같아. 아빠가 가진 게 없으니 부익부가 될 수는 없지만 이 방법이 적어도 빈익빈을 막을 수는 있는 길인 것 같다."

부자가 되려고 노력한 만큼
돈을 잃는다

예전에는 개천에서 용이 났다. 시골에서 농사짓느라 집안이 어려워도 온 가족이 희생해서 장남을 공부시키면 장남은 독학으로 열심히 공부해서 좋은 대학에 갈 수 있었다. 그리고 대학에서 열심히 공부해서 사법고시를 보면 순수하게 시험 성적만으로 판검사, 변호사가 될 수 있었고, 중매를 통해 부잣집 딸과 결혼해서 부와 명예를 한 번에 거머쥘 수 있었다. 노력한 만큼 결과가 따라오는 시대였다.

이제 대학은
돈으로 가는 것이다

●

하지만 지금은 불가능하다. 지금은 실력만으로 좋은 대학에 갈 수 있는 시대가 아니다. 좋은 대학에 가려면 실력과 정보가 필요한데, 실력은 돈 써서 좋은 학원에 보내고 개인 과외를 하면 얼마든지 점수를 높일 수 있다. 돈 써서 학원 보냈는데 학생의 실력이 늘지 않는 이유는 학생의 문제이기 전에 부모가 돈을 덜 썼기 때문이다. 좋은 대학에 가려면 입시 정보도 매우 중요하다. 정보야말로 철저하게 돈이 필요하다. 돈을 많이 투자한 사람이 더 많은 정보를 얻을 수 있다.

최근에 대학입학제도에서 수시와 정시 비중을 놓고 갑론을박하는 것도 우습다. 수시를 하든 정시를 하든 정도의 차이는 있을지언정 어차피 돈 있는 사람이 유리한 건 다를 바 없는데.

이 글을 읽으면서 돈이 전부인 더러운 세상이라고 욕할지도 모르겠다. 하지만 이 나라를 떠날 것이 아니라면 욕할 때 욕하더라도 상황을 직시하고 인정할 건 인정해야 한다. 아직도 혼자 열심히 공부해서 좋은 대학에 갈 수 있다고 생각한다면 아주 순진하게 세상을 사는 사람이다. 서울대학교 입학생의 절반 이상이 특목고 출신이고, 특목고 출신의 절반 이상이 강남권이고, 강남에 사는 사람 대부분이 돈이 많거나 돈이 없더라도 전 재산을 자녀 교육에 쏟

아붓는다. 그들과 경쟁해서 이기려면 돈이 있어야 하는데, 어설프게 돈 써서 기대한 만큼 성과를 얻을 수 있을까? 확률적으로 매우 낮다.

일류 대학을 나오지 않아도 전공 공부를 열심히 하면 취직을 할수 있다고 생각하는 것도 매우 순진한 생각이다. 일류 대학을 나왔으니까 번듯한 직장이라도 구할 수 있는 것이지, 일류 대학을 나오지 않으면 제대로 된 직장 구하기도 쉽지 않다. 직장을 못 구하면 사업을 해야 하는데 기술만 가지고 사업하는 시대가 아니다. 이미 막대한 자본을 가진 대기업들이 시장을 지배하고 있는 상황에서 자본력 없는 개인이 실력만으로 사업에 성공할 가능성이 얼마나 될까?

사업은 기술이나 자격증이 아니라
돈으로 하는 것이다

●

카페를 운영하겠다고 바리스타 자격증을 준비하는 사람들이 있다. 은퇴 후에 부동산 중개사무소를 개업하겠다고 공인중개사 자격증을 준비하는 사람들도 있다. 결론만 말하면 그렇게 할 필요가 없다. 사업을 하기 위해 준비해야 할 것은 자격증이 아니라 돈이다. 자격증이 필요하면 자격증을 가지고 있는 사람을 고용하면 된다. 사업의 성패는 얼마나 많은 돈을 투자해서 좋은 위치에 자리를 잡느냐에 달려 있다. 얼마나 더 멋지게 매장 인테리어를 꾸미고, 얼마나 더 홍보를 하느냐가 중요하다. 돈이 부족한 상태에서 사업을 해보겠다고 돈을 쓴다면 사업에 성공하기는커녕 그나마 가지고 있던 돈조차 날릴 가능성이 크다. 자본주의 사회에서 사업에 성공하는 데 실력이나 자격증보다 더 중요한 것이 돈이다.

계란으로 바위를 치느니
차라리 프라이를 해 먹는 게 낫다

●

어차피 돈이 없으면 어려운 일인데 무모하게 도전하다가 결국 가진 돈마저 날릴 것이 불 보듯 뻔하다. 계란으로 바위를 깰 수 없다면 계란 프라이라도 해 먹는 게 더 남는 일일 텐데, 어떻게든 해보겠다고 바위를 칠수록 더 빨리 굶어 죽게 된다.

내가 살고 있는 곳이 개천이라면 그냥 개천을 인정하고 즐기는 게 차라리 낫다. 어떻게든 용이 되어보겠다고 개천을 벗어나려고 노력해봐야 결국 개천에서 사는 것마저 힘들어진다. 지금까지 돈으로 상위 계급에 올라서지 못했다면 앞으로는 더더욱 힘들다. 부모가 돈이 없으면 자녀 역시 교육, 주거, 취업 등 모든 분야에서 뒤처지게 된다. 출발선부터 다르기 때문이다.

"3대 가는 부자 없고 3대 가는 거지 없다."라는 속담이 있다. 이 것도 다 옛날 이야기다. 예전에는 부잣집 자녀가 부모가 모은 재산을 탕진해서 부를 잃곤 했다. 반면에 가난한 집 자녀가 호롱불 아래서 독학해 입신양명을 이뤄냈다. 하지만 지금은 그렇지 않다. 돈이 돈을 창출하고 돈으로 돈을 버는 이 시대에는 가진 자가 뭘 해도 더 가지게 된다. 돈이 없는 자는 뭘 해도 안 되고 뭔가를 하느라 점점 더 가난해질 뿐이다.

앞에서 말했듯이 부익부빈익빈 사회에서 가난한 사람이 더 가난해지는 근본적인 이유는 빈자가 부자가 되려고 어설프게 노력하기 때문이다. 돈을 벌려면 부자들과 똑같은 조건을 갖추거나, 아니면 아예 포기해라. 어설픈 노력과 어설픈 투자를 해봤자 부자가 되는 것이 아니라 가진 것마저 부자에게 빼앗기게 될 뿐이다. 이 말은 돈을 벌려면 부자와 같은 배를 타야 하기 때문에 어설픈 지역에 사지 말고 강남 부동산에 투자하거나, 어설픈 종목을 사지 말고 삼성전자 주식에 투자하라는 뜻이다. 그렇게 할 수 없다면 차라리 포기하고 연금을 준비해 평생 즐겁게 쓰면서 사는 게 낫다.

M&A, 돈을 가진 자가
세상을 지배한다

"우량자산에 집중투자하라."

이렇게 말하면 십중팔구 다음과 같은 질문이 돌아온다.

"'계란을 한 바구니에 담지 말라'고 하던데, 만약 한두 종목에 집중했다가 그 회사가 망하면 어떡합니까? 분산해서 투자하는 것이 위험을 줄이는 방법 아닌가요?"

물론 예전에는 그랬다. 어느 회사가 우량기업인지 알 수 없었고, 아무리 뛰어난 기업도 한순간의 실수로 역사에서 사라져버렸다. 그래서 한두 종목에 집중하는 것보다 여러 개의 종목에 분산투자하는 것이 위험을 줄일 수 있는 방법이었다. 그런데 세상이 달라졌다. 자본주의가 공고해질수록 부의 집중이 심화되고, 부의 집중이 심화될수록 부를 가진 기업은 더더욱 견고한 성을 쌓게 되었다. 우량자산의 기준도 달라졌다. 전에는 뛰어난 기술력과 인적자원을 보유한 회사가 우량기업이었다면, 이제는 현금자산을 많이 보유한 기업이 우량기업이다. 돈이 부족한 비우량기업에 투자한다면 위험을 줄이기 위해 분산투자해야겠지만, 부가 한곳에 집중되는 자본주의 사회에서 우량기업에 투자한다면 분산의 필요성은 점점 더 감소한다.

삼성전자가
위험하다?

●

예를 들어보자. 대한민국의 1등 기업은 단연 삼성전자다. 그런 삼성전자가 과연 망할까? 물론 영원한 것은 없으니 언젠가는 망할 수도 있다. 하지만 자본주의 시대가 지속되는 한, 삼성전자는 점점 더 커져갈 수밖에 없다.

그 이유를 살펴보자. 삼성전자가 망할 수도 있다는 시나리오를 펼치는 사람들은 삼성전자의 기술력, 경영력과 관련된 각종 문제를 제기한다.

"중국이 반도체 굴기로 쳐들어오고 있는데 삼성전자 반도체 시장 점유율이 위협받지 않을까?"

"세계 스마트폰 시장에서 애플에 밀리는 거 아냐?"

"이재용 부회장의 리더십이 이건희 회장만 못할 거야."

세계 시장에서 반도체, 스마트폰의 경쟁이 치열해지면서 삼성전자의 실적이 하락하고 회사 경영이 어려워질 것이라는 분석들을 내놓고 있다. 단기적으로는 이런 분석이 유효할 수 있다. 하지만 자본주의 사회에서 대기업을 연구해보면, 기술력, 경영 능력의 문제는 더 이상 중요한 이슈가 아니다.

대표가 구속되어도
회사 주가는 올랐다

●

2016년 9월, 삼성전자 스마트폰 갤럭시 노트7 배터리의 화재 사고가 발생했다. 사고가 잇따르자 삼성전자는 해당 제품의 생산을 중단하고 판매된 제품을 전부 교체해주었다. 몇 년을 공들여 개발한 주력 모델을 접었다는 것은 기술적으로도 매출 면에서도 큰 손실이다. 그런데 해당 기간의 삼성전자 주가는 어떻게 되었을까? 화재사고가 발생한 이후 한 달 정도 오르락내리락하더니 이내 언제 그랬냐는 듯이 상승곡선을 이어갔다.

2017년 1년 동안 삼성전자 이재용 부회장은 최순실 게이트에 연루되어 옥고를 치렀다. 회사의 대표가 1년 동안 자리를 비우고 경영 공백이 생긴 상황, 삼성전자의 주가는 어떻게 되었을까? 이재용 부회장이 구속되던 2017년 초에 200만 원이던 주가가 이재용 부회장이 구속되자 한두 달 오르락내리락하더니 이내 상승을 이어갔고, 2017년 말에는 280만 원까지 급등했다. 일반 회사라면 대표가 구속되어 회사의 존망이 걸린 상황이겠지만 삼성전자는 대표의 구속이 회사의 주가에 거의 영향을 미치지 않았다. 기업의 성장을 결정하는 데 기술력과 경영 능력도 중요하지만 자본주의 사회에서 그것보다 더 중요한 요인들이 있다. 그것은 바로 자본력(현금력)이다.

2020년 현재 삼성전자가 보유한 현금은 100조 원이 넘는다. 해마다 순이익이 달라지긴 하지만 매년 수십조 원의 순이익을 벌어들이고 있는 회사다. 현금이 많다는 것은 무엇을 의미할까? 삼성전자는 그 많은 현금으로 무엇을 할까?

기술 개발은
배고픈 사람들이 하는 것이다

●

최근 글로벌 기업을 보면, 현금을 보유한 글로벌 기업들이 가장 중점적으로 추진하고 있는 사업이 바로 M&A(인수합병)다. 대표적인 주자가 바로 구글이다. 구글은 자본력을 바탕으로 매년 수십 개의 회사들을 M&A하고 있다. 우리가 많이 사용하고 있는 구글 지도, 유튜브, 안드로이드 등을 구글이 만든 것이라 생각하지만 그렇지 않다. 구글이 산 것이다. 오죽하면 대부분의 스타트업 회사들의 목표가 기술을 개발해서 구글에 M&A되는 것일까.

현금이 많으면 더 이상 기술력, 경영력에 좌우될 필요가 없다. 기술력, 경영력이 있는 회사를 사면 되기 때문이다. 돈이 주인인 자본주의 사회에서 자본력이 있으면 돈으로 모든 것을 할 수 있다. 지금은 과거처럼 다양한 중소기업들이 뛰어난 기술을 가지고 나름의 시장을 만들어내는 사회가 아니다. 배고픈 중소기업들이 열심히 노력해서 기술을 개발해놓으면 현금을 가진 공룡 기업들이 기술을 가진 중소기업을 빨아들이고, 그 기술을 바탕으로 더 많은 현금을 창출해서 더 큰 공룡 기업이 된다. 돈이 곧 기술력이고 경영력이다. 이런 현상은 앞으로 더더욱 심화될 것이다.

과거에 음식점들은 동네 한 켠에 조그만 가게를 차리고 정성과 노력으로 맛있는 음식을 만들었다. 음식 맛이 좋다고 소문나면 찾는 사람들이 늘어나면서 가게를 확장해나갔고, 기술과 노하우를 바탕으로 체인점을 내서 사업을 키울 수 있었다. 그렇게 성장한 1세대 음식점들이 그동안 축적한 자본을 바탕으로 사업을 대형화하고 있다. 이렇게 대형화한 프랜차이즈들이 외식 시장을 장악하면서 이제 동네 음식점들은 더 이상 성장은커녕 생존하기조차 어려운 상황에 직면했다. 최근에 가족과 함께 외식을 하면서 허름한 동네 맛집을 찾은 경험이 있는지 생각해보자. 아마 대부분 분위기 좋고 깔끔한 대형 프랜차이즈 음식점을 찾을 것이다.

그렇다면 우리는 대형 프랜차이즈 음식점이 맛있어서 찾는 것일까? 그렇지 않다. 그런 곳에서 더 이상 예전의 맛과 정성을 찾아보기는 힘들다. 그럼에도 불구하고 많은 사람이 대형 프랜차이즈 음식점을 찾는다. 한 끼 외식을 하면서 음식의 맛보다는 방문의 편의성, 깔끔한 인테리어 등 돈으로 포장한 시설을 더 중요하게 생각하기 때문이다.

아직까지도 음식점을 개업하면서 맛과 정성만으로 성공할 수 있다고 생각하면 큰 오산이다. 누가 더 싼 가격에 재료를 조달하는가, 누가 인건비와 고정비를 더 줄일 수 있는가 등의 문제가 사업의 성패를 결정한다. 그리고 이런 문제를 해결하는 방법에 있어서 규모가 큰 음식점이 절대적으로 유리할 수밖에 없다. 돈이 있으면 자본의 힘으로 시장을 지배할 수 있기 때문이다. SBS 〈골목식당〉이라는 프로그램에서 동네에 숨겨진 맛집을 발굴해 문제점을 개선하고 골목식당들을 살리려고 노력하고 있지만 방송 기간 동안 반짝 반응이 좋을 뿐, 방송이 끝나면 다시 원래대로 돌아가는 경우가 많다.

결국 자본력이 부족한 동네의 소형 음식점들은 점차 설 자리를 잃을 것이고, 이들의 빈자리는 자본을 가진 소수의 대형 음식점들이 장악해나갈 것이다. 더 큰 문제는 이런 현상이 음식점뿐만 아니라 교육, 부동산, 창업 등 사회 전반에 걸쳐 나타나고 있다는 점이다.

강남에 집을
사야 하는 이유

2018년 〈조선일보〉에 다음과 같은 제목의 기사가 실렸다.

"17억 강남 아파트 구매자 79%는 대출 한 푼 안 받았다"

이 기사는 무엇을 의미할까? 강남에 집을 사는 사람들은 대출을 받지 않고 현금으로 산다는 말이다. 당연히 집을 살 때 현금으로 사면 좋겠지만 대부분의 주택 구입자가 수억 원의 현금을 들고 있을 리 만무하다. 그러니 대출을 받아서 집을 사는 경우가 더 많다. 그런데 강남에 집을 사는 사람들은 타 지역 사람에 비해 대출 비율이 훨씬 낮다.

그렇다면 집을 현금으로 사는 것과 대출로 사는 것에는 무슨 차이가 있을까? 요즘처럼 대출금리가 높지 않은 상황에서는 현금으로 사나 대출로 사나 큰 차이가 없다. 오히려 대출을 이용해 집을 사면 레버리지 효과를 통해 더 많은 수익을 낼 수도 있다. 그러나 만약 경기가 계속 나빠지고 대출금리가 올라간다면 어떻게 될까?

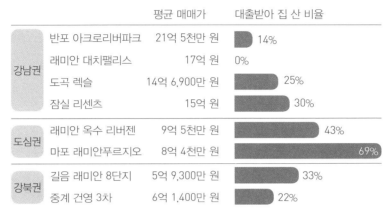

| 아파트 매입 시 대출 비율 |

17억 강남 아파트 구매자 79%는 대출 한 푼 안 받았다.

※ 단지별 전용 84m² 샘플 각 1개 동 대상 2016년 이후 거래 분석

		평균 매매가	대출받아 집 산 비율
강남권	반포 아크로리버파크	21억 5천만 원	14%
	래미안 대치팰리스	17억 원	0%
	도곡 렉슬	14억 6,900만 원	25%
	잠실 리센츠	15억 원	30%
도심권	래미안 옥수 리버젠	9억 5천만 원	43%
	마포 래미안푸르지오	8억 4천만 원	69%
강북권	길음 래미안 8단지	5억 9,300만 원	33%
	중계 건영 3차	6억 1,400만 원	22%

자료: 〈조선일보〉(2018.09.08)

　　대출로 집을 산 사람들은 생활이 어려워지고 대출 상환 부담이 커지면서 하나둘 집을 매도하기 시작할 것이다. 이로 인해 매물이 늘어나면 집값이 떨어질 수밖에 없다. 가격은 수요와 공급에 의해 결정되는데, 매물이 늘면 가격이 하락한다. 반면에 현금으로 집을 산 사람들은 경기가 나빠지든 대출금리가 올라가든 전혀 영향을 받지 않는다. 따라서 그런 문제로 집을 매도할 이유가 없다. 어쩌면 앞으로도 집을 팔 계획이 전혀 없을 수도 있다. 그러다 보면 현금으로 집을 사는 강남은 경기와 무관하게 점점 매물이 사라질 것이다. 매물이 사라진 강남 집값은 부르는 게 값이 된다. 이것이 현

금의 힘이다.

최근 코로나로 인해 강남 부동산에 일부 급매물이 나오고 있다. 경기가 어려워지자 현금이 부족한 사람들이 집을 팔아 현금화하려는 것이다. 이렇게 나온 매물을 현금이 충분한 부자들이 매입하고 있다. 이런 현상이 지속될수록 현금이 부족한 사람은 강남에서 쫓겨날 테고, 강남은 현금이 충분한 사람들로만 채워질 뿐이다. 그리고 현금 여유가 있는 사람들이 모여 있는 강남에서 아파트 매물을 찾기는 점점 더 힘들어질 것이고, 매물이 사라진 강남 아파트 가격은 더더욱 견고해질 것이다.

물론 소수의 집단이 현금을 가지고 시장을 독식하는 현상은 긍정적이지 않으며 이를 정당화하고 싶은 생각도 없다. 하지만 자본주의 사회에 살면서 이런 현상을 무시한다면 빈자로 전락할 뿐이다. 사회가 어떻게 돌아가고 있는지 알아야 그에 맞는 대응 전략을 세울 수 있다.

빈익빈으로 가는 고속열차,
은행을 떠나라

2021년 초 한국은행 기준금리는 0.5%로, 대한민국 금융 역사상 가장 낮은 금리를 유지하고 있다. 은행연합회에서 조회되는 현재 시중은행의 예적금금리도 1% 안팎에 머물러 있다. 물론 카드를 가입하거나 자동이체를 많이 하면 금리를 더 올려주기도 하지만 0.1~0.2% 올려봐야 거기서 거기다. 금리가 바닥을 찍었다고 하는 사람도 있지만 실제 경기가 좋지 않으니 더 떨어지지 않는다고 장담할 수도 없다.

그러다 보니 은행에 돈을 묶어두고 있는 사람들은 진퇴양난이다. 물가는 상승하고 집값은 오르는데 은행에 넣어둔 돈은 1년을 묶어둬봐야 1% 이자를 받기도 쉽지 않은 상황이니 말이다. 하지만 평생 은행 말고는 이용해본 적이 없으니 뾰족한 수가 없다. 은행을 떠나자니 위험하고 은행에 돈을 두자니 수익이 없고. 부동산 가격이 너무 올라서 집을 사기도 부담스럽고, 주식 투자를 하자니 뭘 어떻게 해야 하는지도 모르겠고. 예전에 은행을 떠났어야 하는데, 그때 떠나지 못한 것이 문제의 원인이다.

은행에 더 이상
치즈는 없다

●

스펜서 존슨의 책 『누가 내 치즈를 옮겼을까?』를 보면 치즈를 찾아다니던 생쥐가 매일 가던 곳에서 치즈가 점점 사라져가는 것을 발견한다. 다른 치즈를 찾기 위해 변화를 시도해야 하지만 변화가 두려운 생쥐는 매일 가던 곳을 반복해서 갈 수밖에 없다. 결국 치즈가 고갈되고 나서 후회해보지만 때는 이미 늦었다.

수십 년 전 금리가 높았을 때의 은행은 돈을 모으는 곳이자 불리는 곳이었다. 하지만 초저금리가 지속되고 있는 지금의 은행은 더이상 돈을 모으는 곳도 불리는 곳도 아니다. 누군가는 아직도 은행에서 안전하게 종잣돈을 모아야 한다고 말할 것이다. 하지만 그것은 은행 밖의 세상을 전혀 모르는 소리일 뿐이다. 이제는 종잣돈을 모을 때조차 은행에 가야 할 이유가 없다. 은행 스스로도 이미 예적금을 판매하기보다 투자상품이나 보험상품을 판매하는 데 더 집중하고 있다. 예적금은 은행에도 더 이상 수익이 되지 않고, 고객들이 찾는 비율도 줄고 있기 때문이다.

군이 은행이 필요한 이유를 찾자면 은행은 돈을 지키는 곳일 뿐이다. 이미 많은 돈을 모은 사람들, 필요한 돈은 다 준비되어 있어서 군이 돈을 불리지 않아도 되는 은퇴자들이 현재 보유한 자산을 안전하게 지키기 위해 이용하는 곳이다. 그런데 앞으로 더 많은 자산을 형성해야 할 젊은이들이 은행만 이용하는 것은 참 안타까운 일이다. 은행을 이용하는 것 자체가 부익부는커녕 빈익빈이 되는 지름길이라는 사실을 깨닫지 못한 듯하다.

빈익빈으로 가는 고속열차, 은행 적금

●

은행금리가 낮다는 것은 누구나 알고 있지만 실제 적금을 가입하면 이익이 얼마나 생기는지 알아보자.

매월 100만 원씩 1년간 적금을 든다고 생각해보자. 현재 시중은행 평균금리보다 높은 1.5% 이자를 받는다고 가정했을 때 1년 후

구분	원금	세후이자	원리금 합계
1년 후	1,200만 원	8만 2,485원	1,208만 2,485원
10년 후(단리)	1억 2천만 원	767만 7,450원	1억 2,767만 7,450원
10년 후(복리)	1억 2천만 원	807만 2,582원	1억 2,807만 2,582원

적립된 원금은 1,200만 원, 이자는 세후 8만 2,485원이며, 원금을 포함하면 1,208만 2,485원이다. 열심히 저축한 결과 1년 만에 8만 원 더 받았다. 8만 원 더 받으면 인생이 바뀔까? 아무런 차이가 없다. 오늘 술 한잔 안 먹으면 되는 돈이다.

"당장은 인생이 바뀌지 않지만 열심히 해서 습관이 되면 인생이 바뀝니다."

이 말만 믿고 10년간 매달 100만 원씩 적금을 들었더니 원금은 1억 2천만 원이 들어갔다. 10년 후 받게 될 이자는 얼마일까? 약 767만 원이다. 10년간 1억 원이 넘는 돈을 넣은 것에 비해 실제 수익은 1천만 원도 되지 않는다.

"단리로 저축하니까 그렇지. 복리로 저축해야지!"라고 주장하는 사람도 있을지 모르겠다. 이자에 이자를 주는 복리로 바꾸면 어떻게 될까? 10년 동안 복리로 저축했을 때 이자는 807만 원이다. 그래봐야 단리보다 40만 원 정도 더 많아질 뿐이다. 이자에 이자가 붙는 복리 효과를 보려면 이자율이 높아야 하는데 기본 이자율 자체가 낮은 상황이므로 복리도 아무 소용이 없다.

　30여 년 전, 금리가 15~20% 하던 시대에는 은행에 5년만 저축하면 원금의 2배로 불어났고, 1천만 원만 모아도 집을 살 수 있었다. 하지만 지금은 그렇지 않다. 세상이 변했다. 세상이 변하면 그에 맞는 방법이 필요하다. 초저금리가 10여 년 이상 지속되고 있는데 아직도 은행에 돈을 저축해두고 있다면 빈익빈으로 가는 고속열차를 타고 있는 것이다.

은행만 부자 되는
5% 특판 적금의 효과

●

2020년 초에 시중은행에서 5%짜리 특판 적금을 3일간 판매했었다. 금리 5%, 1인당 1계좌, 월 30만 원 한도, 1년 만기 조건이었다. 상품을 판매한 3일 동안 무려 132만 명이 이 특판 적금에 가입했다. 가입자의 대부분은 적금을 가입해서 종잣돈을 모으려는 20~30대 젊은이였을 것이다. 가입은 개인의 선택이니 말릴 수 없지만 자신들도 의식하지 못하는 사이에 빈익빈을 선택하는 모습을 보면 안타까운 마음을 금할 수 없다. 특판 적금에 가입함으로써 빈익빈이 된다는 것도 문제지만 더 큰 문제는 사소한 나의 행동이 은행과 기업자본을 더 부익부로 만들어준다는 사실이다. 그 이유를 알아보자.

일반적인 적금상품의 이자가 2% 정도라고 가정할 때, 매달 30만 원씩 1년간 적금을 부으면 3만 3천 원의 이자를 받는다. 그런데 5% 특판상품에 가입하고 매달 30만 원씩 적금을 부으면 1년 후에 8만 3천 원의 이자를 받는다. 1인당 5만 원 더 받을 수 있다. 이자를 5만 원 더 받는다고 개인의 삶에서 달라지는 것은 아무것도 없다.

입장을 바꿔서 은행의 상황을 보자. 은행은 가입한 고객 1명당 5만 원을 더 줘야 한다. 그렇다면 은행에서 1인당 5만 원을 지불해가며 이 상품을 판매한 이유가 뭘까? 이유는 간단하다. 5만 원을 주고 개인 정보를 산 것이다. 반대로 가입자는 5만 원을 받고 개인 정보를 은행에 판 것이다.

이제 공식적으로 가입자의 개인 정보를 취득한 은행은 그 정보를 가지고 지속적인 마케팅을 할 수 있다. 아마 1년 만기가 되면 반드시 또 다른 행사를 할 것이다. 밑지는 장사 없다고, 5만 원을 들여 고객으로 만들었는데 그 이상 빼먹으려고 할 것이다. 특히 가입자의 일부는 개인 정보만 넘긴 채 만기를 채우지 못하고 해지하는 경우도 있다. 그러면 5%는커녕 2% 이자도 받지 못한다. 하지만 은행은 고객이 적금을 해지했다고 해서 고객의 개인 정보를 삭제하지 않는다. 고객이 해지하건 말건 은행은 132만 명의 고객이 스스로 넘겨준 개인 정보를 활용해 은행의 자산을 불려나갈 것이다.

왜 이렇게 눈에 뻔히 보이는 상술에 넘어갈까? 한두 명도 아니고

100만 명이 넘는 사람들이. 경제를 몰라서? 금융을 몰라서? 아니다. 돈이 세상을 지배하는 자본주의에 대한 구조적인 이해가 부족하기 때문이다. 자신이 하는 사소한 행동이 어떻게 자본주의를 강화하고 부익부빈익빈을 만들어내는지 인식하지 못하기 때문이다. 생각 없는 나의 행동이 우리 모두를 가난하게 만들고 있다.

눈먼 돈을
만들지 마라

●

지금 시대에 은행을 이용하는 것은 더 이상 안전하지 않다. 특히 사회생활을 시작하는 젊은이들에게는 더더욱 그렇다. 은행 예적금상품은 원금이 보장되니 안전하다고 생각하는 것은 큰 오산이다. 부동산 가격이 폭등하고 물가가 상승하는 시대에 은행에서 1% 이자를 받는 것이 훨씬 더 위험하다는 사실을 깨달아야 한다.

투자를 하지 않고 모으기만 한 돈이 정말 안전할까? '위험을 경험하지 않은 채 차곡차곡 성실하게 모은 돈'을 다른 말로 뭐라고 할까? 바로 '눈먼 돈'이라고 한다. 눈먼 돈은 먼저 본 사람이 임자다. 복잡하고 다양한 금융상품이 널려 있는 현대사회에서 금융을 모르는 돈, 위험을 모르는 돈은 언젠가는 (부자에게) 빼앗길 눈먼 돈일 뿐이다.

뜨거운 것이 위험하니까 어린아이에게 뜨거운 것은 절대 만지지 말라고 교육한다. 그러면 당장은 뜨거운 것을 만지지 않겠지만 이 아이는 뜨거운 게 어떤 느낌인지, 얼마나 위험한지 알 수 없다. 언젠가 뜨거운 것을 만져야 할 상황이 되었을 때, 아무 준비 없이 뜨거운 것을 만지다가 더 크게 다칠 수 있다. 뜨거운 것은 안 좋으니 무조건 만지지 말라고 교육하는 것보다 미리부터 뜨거운 걸 만져보도록 해서 뜨거운 느낌을 경험해보게 해야 한다. 지금 살짝 손을 데일 수는 있지만 뜨거운 게 얼마나 위험한지, 어떻게 다뤄야 하는지 알게 된다면 나중에 더 큰 위험을 방지할 수 있기 때문이다.

필자가 젊은 사람들을 상담할 때마다 항상 하는 이야기가 있다.
"젊은 사람들은 무조건 투자를 하세요. 투자는 한 살이라도 젊을 때 시작해야 합니다."
젊은이들에게 투자를 독려하는 이유는 투자로 재산을 불리고 재테크를 성공시키기 위해서가 아니다. 투자를 학습해보도록 하기 위해서다. 성향에 따라 투자가 잘 맞는 사람도 있고 투자를 절대 해서는 안 되는 사람도 있다. 투자에 성공하든 실패하든 그 경험을 한 살이라도 젊을 때 해봐서 자신의 투자 성향을 파악해야 한다. 해보고 안 맞으면 안 하면 된다. 하지만 무작정 위험을 두려워하다가 본인이 어떤 성향인지도 모른 채 나이 들어 투자를 하게 되면 더 큰돈을 투자할 가능성이 높고 그러면 더 큰 위험을 안게 된다.

가진 돈이 너무 많아서 사는 데 아무 문제가 없다면 은행을 이용해도 좋다. 앞으로도 영원히 투자에 발을 들일 생각이 없다면 굳이 투자를 배울 필요가 없다. 하지만 그렇지 않다면 지금 당장 은행을 떠나라. 그리고 더 늦기 전에 투자를 배워라. 투자의 본질과 올바른 투자 방법을 배워라. 그것이 자본주의 사회에서 부익부가 되지는 못할지라도 빈익빈만은 되지 않는 방법이다.

열심히 공부해봐야
결국 부잣집의 노비가 된다

취업을 희망하는 젊은이들이 가장 선호하는 직장이 어디일까? 바로 삼성전자다. 메모리 분야 세계 1위의 반도체 제조 회사이기도 하고 연봉도 높다. 삼성전자뿐만 아니라 네이버, 카카오, 현대차 등등 이름 있는 대기업이 취업 선호도 상위권에 올라 있다. 그리고 부모들 역시 항상 자녀에게 이렇게 말한다.

"열심히 공부해서 좋은 직장 취직해야지."

"우리 아들이 삼성전자에 입사하면 소원이 없겠네."

어떻게 보면 아무 문제없는 이야기처럼 들리겠지만, 자본주의를 알고 보면 참으로 바보 같은, 한편으로는 너무나 소름 끼치는 이야기다. 돈이 주인인 자본주의 사회에서 부모는 자녀가 돈의 주인이 되기를 바라는 것이 아니라 돈 가진 사람의 노예가 되길 바라는 것이다.

삼성전자에 입사하면
노예가 된다

●

열심히 공부해서 삼성전자에 입사하면 종업원이 된다. 여기서 '종(從)' 자는 '노예 종, 따를 종'이다. 열심히 공부해서 삼성의 노예, 아니, 더 정확히 말하자면 이재용 대감 댁의 노비가 되는 것이다. 그리고 평생을 이대감 댁의 부를 늘려주는 일에 노동력과 시간을 바친다. 이대감께서 부익부를 실현하실 수 있도록 온몸과 마음을 바치는 것이다.

그런데 정말 억울한 사실은, 인생의 가장 소중한 시간을 이대감의 부귀영화를 위해 바쳤으면 내가 힘이 조금 떨어져도 그동안의 정을 생각하며 감싸줘야 할 텐데, 이대감은 그러지 않으신다. 나이가 들고 힘이 없다는 이유로 집에서 내쫓아버린다.

조선시대의 노비는 늙었다고 잘리지는 않았다. 젊을 때는 장작을 패고, 나이 들면 마당을 쓸지언정 평생 부려먹은 노비를 힘없고 늙었다고 내쫓지는 않았다. 하지만 지금의 노비는 나이 들고 힘 빠져서 생산성이 떨어지면 회사에서 내보낸다. 이 말을 그럴듯하게 표현한 말이 '퇴직'이다. 결국 반평생을 남의 집 돈만 벌어주다가 나이 들면 나가기 싫어도 나가야 하는 곳이 바로 회사다.

그렇다고 엄청난 돈을 주는 것도 아니다. 딱 먹고살 만큼만 주기 때문에 마음 놓고 쓰지도 못하고 재무 설계를 해가며 돈을 아껴 모아서 퇴직 이후의 삶을 준비해야 한다. 이것이 바로 자본주의 사회에서 돈의 주인이 되지 못하고 돈의 노예로 사는 사람들의 삶이다.

그럼에도 불구하고 전국의 모든 학생들이 맹목적으로 공부하고 스펙을 쌓아서 이대감 댁의 노예가 되기를 바라고 있다. 평생 남의 집 일만 해주고 남의 집 돈 벌어주는 데 인생을 소비하기를 대한민국의 모든 부모와 학생이 간절히 바라고 있다. 그리고 노예가 되기 위해 시험을 보고 치열한 경쟁도 불사한다.

그런데 더 신기한 점은 자신이 노예라는 사실을 서로 자랑한다는 것이다. 삼성 배지―이대감 댁의 노비임을 나타내는 표식―를 자랑스럽게 달고 다니며, 내 자식이 이대감 댁의 노비인 것이 다른 사람에게 자랑거리가 되는, 참으로 '웃픈(웃기지만 슬픈)' 상황이다.

이 모든 일이 자본주의 사회에서 자신이 하는 행동이 어떤 의미인지 모르기 때문에 벌어지는 일이다. 결국 평범한 사람들은 시간이 갈수록 돈의 주인이 아니라 돈 가진 부자들의 노예로 전락하고 만다. 자신이 하는 일이 그들의 부를 늘려주고 반대로 자신을 빈자로 만드는, 부익부빈익빈을 더 가속화하고 있다는 사실을 깨닫지 못하는 것이다.

극작가 리로이 존스가 남긴 다음 이야기를 잘 음미해보자.

> 노예가 노예로서의 삶에 너무 익숙해지면 놀랍게도 자신의 다리를 묶고 있는 쇠사슬을 서로 자랑하기 시작한다. 어느 쪽의 쇠사슬이 빛나는가, 더 무거운가 등. 그리고 쇠사슬에 묶여 있지 않은 자유인을 비웃기까지 한다. 과거의 노예는, 자유인의 힘에 의해 어쩔 수 없이 노예가 되어버렸다. 노예가 되더라도 결코 그 정신의 자유까지도 양도하지는 않았다. 그러나 현대의 노예는, 스스로 노예의 옷을 입고 목에 굴욕의 끈을 휘감는다. 그리고 무엇보다 놀랍게도, 현대의 노예는 스스로가 노예라는 자각이 없다. 그뿐만 아니라 그들은 노예인 것을 스스로의 유일한 자랑거리로 삼기까지 한다.

아이폰을 사면 노예가 되고
애플 주식을 사면 주인이 된다

●

애플은 정기적으로 아이폰 신모델을 출시한다. 아이폰 신모델이 출시되는 날이면 수많은 젊은이가 새벽부터 애플 스토어에 줄을 선다. 새로 출시되는 모델을 가능한 한 빨리 사기 위해서다. 그들은 그럼으로써 애플의 노예가 된다는 걸 깨닫지 못하고 있다. 좋은 말로 표현해 팬클럽이고 얼리어답터지, 사실상 애플은 신제품 마케팅을 통해 젊은이들을 자신들의 노예로 만들고 있는 것이다.

돈에 대해 모르는 젊은이는 애플 스토어에 줄을 선다. 하지만 돈에 대해 아는 젊은이는 그 장면을 보면서 애플 주식을 산다. 자본주의를 이해하는 부모라면 애플 스토어에 줄을 서는 자녀에게 지금 아이폰을 사는 것보다 애플 주식을 사는 것이 왜 중요한지 알려줘야 한다. 애플의 노예가 되지 말고 애플의 주인이 되는 법을 알려줘야 한다.

공부하기 싫어하는 자녀를 붙잡아서 학원에 보내봐야 효과도 없고 돈만 낭비한다. 설령 열심히 공부해서 삼성그룹에 입사한다 해도 결국 삼성의 노예가 될 뿐이다. 물론 삼성의 임원으로 승진할 수 있다면 돈을 많이 받는 노예가 될 수 있다. 하지만 그러기 위해서는 어릴 때부터 죽어라 공부해서 좋은 대학에 가야 하고, 대학에 가서도 취업 경쟁을 뚫고 삼성에 입사해야 하며, 입사해서도 동료 선후배들과 치열하게 경쟁해서 임원이 되어야 한다. 그래봤자 결국 종이다.

자본주의 사회에서 이렇게 살아야 할 이유가 없다. 삼성전자에 입사해 삼성의 종이 되는 것보다 삼성전자 주식을 사서 삼성의 주인이 되어야 한다. 자녀 학원비에 들어갈 돈으로 자녀에게 삼성전자 주식을 사줘서 삼성의 종이 아니라 주인으로 만들어줘야 한다. 삼성전자에 입사하면 종이 되고, 삼성전자의 주식을 사면 주인이 된다. 이것이 자본주의의 핵심이다.

힘센 사람은 돈 많은 사람을
이길 수 없다

기업에는 노조가 있다. 기업 경영자들의 일방적인 의사결정에 대항하기 위해 노동자들이 만든 협의체다. 일개 노동자로서 경영자에게 대항할 힘이 없다 보니 노동자들이 힘을 합쳐 노조를 만든다. 이를 통해 권리를 주장하고 근무여건이나 임금 수준을 개선하고자 노력한다. 하지만 자본주의 사회에서 노조는 돈이 아니라 힘을 모은 것일 뿐이다. 그러다 보니 경영자에게 대항하려면 힘을 써야 한다. 함께 모여서 농성을 하고 파업을 한다. 일부 노조원은 단식 농성까지 하면서 의견을 관철하기 위해 몸을 희생하기도 한다. 간혹 그런 피땀 어린 노력의 결과로 일부 내용이 받아들여지기도 한다. 하지만 지난 수십여 년의 역사를 보면 수많은 희생이 있었지만 성공한 경우는 거의 없었다. 노조 지도부가 구속되거나 실직하고 때로는 손해배상 소송에 져서 엄청난 빚을 떠안기도 했다.

왜 그럴까? 이유는 명확하다. 자본주의 사회에서 돈을 가진 사장과 싸우기 때문이다. 슬픈 이야기지만 힘이 돈을 이길 수 없다. 이것이 자본주의의 논리다. 자본주의 사회에서는 힘을 모으는 것보다 돈을 모으는 것이 중요하다.

힘을 모은 노조, 돈을 모은 주주

●

만약 노동자들이 힘보다 돈을 모은다면 어떻게 될까? 힘을 모은 사람들이 노조라면 돈을 모은 사람들은 주주다. 자본주의 사회에서 주식회사는 주식, 즉 돈을 가진 사람이 주인인 회사다. 따라서 주식을 가지고 있다면 회사의 경영에 직접 관여할 수 있다. 노조가 하부에서 힘으로 요구하는 반면 주주는 상부에서 돈으로 지배한다. 경영자는 노조가 요구하면 적당히 협의하고 때로는 묵살할 수 있지만, 주주가 요구하는 내용은 무조건 받아들여야 한다.

최근에 대기업들의 주주총회가 열리면 국민연금기금의 역할을 강조하는 기사가 나오는 것을 자주 볼 수 있다. 국민연금이 기금을 운용하는 과정에서 대기업의 주식을 많이 보유하고 있다 보니 때로는 최대 주주가 되기도 한다. 따라서 국민연금기금이 보유한 주식을 투자 목적으로만 활용하지 말고 대주주로서 회사의 의사결정이 올바로 진행될 수 있도록 의사결정권을 행사하라는 것이다. 이처럼 주식을 가지고 있으면 회사의 운영에 개입할 수 있고, 때로는 경영자도 바꿀 수 있다. 이것이 돈을 가진 주주의 힘이다.

"소액주주가 무슨 힘이 있겠어? 고작 몇 주 모아봐야 얼마나 된다고. 실현 불가능한 이야기잖아." 이렇게 생각할 수 있다. 하지만 이런 생각 자체가 경영자들이 노동자들의 머릿속에 심어놓은 게 아닐까? "너희는 주주가 될 수 없어. 너희가 돈의 논리를 깨달으면 안 돼. 해봤자 어차피 안 될 테니 시도조차 하지 마!"라고 말이다.

가정폭력 사건을 보면, 장기간 일방적으로 폭력을 당한 사례가 많다. 단순히 생각했을 때 이해가 되지 않는다. '왜 저렇게 맞고만 살지? 그냥 이혼하면 될 텐데.'라는 생각이 들기 마련이다. 하지만 실제 폭력을 당한 사람들의 이야기를 들어보면 상황은 완전히 다르다. 처음에는 반항도 하고 이혼할 생각도 있었지만 계속되는 폭력에 어느 순간 대항할 생각을 잊어버리게 된다. 일상이 된 폭력을 당연하게 생각하고, 오히려 폭행당하는 자신을 비하하면서 벗어날 생각조차 하지 못하게 된다.

주주가 되면
사장을 바꿀 수 있다

●

자본주의 사회에서 종업원들의 상황도 큰 차이가 없는 듯하다. 어느 순간부터 스스로가 종인 것을 당연하게 여기고 부당한 대우를 받는 것도 인정해버린다.

"사장님은 사장이니까 월급을 더 많이 받아 가는 게 당연하지."

"사장님은 사장이니까 업무 시간에 놀아도 되지만, 나는 회사의 발전을 위해 야근을 해야 해."

"사장님은 사장이니까 늙어도 일할 수 있고, 나는 종업원이니까 늙으면 퇴사해야 해."

조금 부당하다고 생각해서 개선할 방법을 모색하기도 하지만 대부분의 생각이 종업원의 틀을 벗어나지 못한다. 그나마 부당한 대우를 개선하기 위해 머리를 쥐어짜내 만든 최선의 대안이 노동자의 힘을 모으는 노동조합이다. 종업원을 벗어나 주인이 될 수 있다는 상상은 해본 적조차 없다. 노조를 만들어 회사와 협상을 해야겠다는 생각은 해보았지만, 주주가 되어 회사 경영자를 교체할 수 있다는 생각을 해본 적은 없을 것이다. 한계를 극복할 생각을 하지 못한 채 노동자 스스로 한계를 인정해버린 것이다.

회사에서 직원들에게 우리사주를 지급하기도 한다. 다시 말하면 회사가 종업원에게 주주로서 의사결정권을 주는 것이다. 하지만 대부분의 종업원들이 우리사주를 재산 증식의 수단으로만 생각할 뿐, 의사결정권을 가지고 있다는 생각은 하지 못한다. 주주가 가지고 있는 진짜 힘을 모르기 때문이다.

물론 사회가 구조적으로 이미 대기업 중심으로 정착되어 있기 때문에 당장 그 틀을 바꾸기가 쉽지는 않을 것이다. 노동자들이 돈을 모아 회사의 주식을 산다 해도 회사의 경영에 영향을 미칠 만한 주식 수는 모으기 쉽지 않다. 그러나 적어도 이런 시도가 경영자들의 간담을 서늘하게 할 수는 있다.

자본주의 사회에서 돈 가진 사람을 이기고 싶다면 힘을 모으기보다는 돈을 모아야 한다. 돈을 모아서 돈 가진 사람의 주인이 되어야 한다. 돈 가진 사람의 주인이 되는 방법, 그것이 바로 주주가 되는 것이다. 돈 없는 사람을 돈 가진 사람이 지배하고, 돈 가진 사람을 더 돈이 많은 사람이 지배하는 것, 그것이 바로 자본주의 사회의 작동 원리다.

부자를 잡으려는 정책이
오히려 서민만 잡는 이유

부동산 가격이 급등하면서 집값을 잡으려는 정부의 부동산 규제
가 계속되고 있다. 대책이 나올 때마다 시장의 반응은 엇갈린다.

"이번 규제로 인해 부동산 가격이 하락할 것이다."

"잠깐 조정을 받았다가 다시 상승할 것이다."

의견이 엇갈리지만 과거를 보면 어느 정도 예측 가능하다. 역대
정권을 보면, 부동산 가격을 잡으려고 부동산 규제를 강화했던 시
기에는 오히려 부동산 가격이 올랐다. 반대로 부동산 규제를 풀었
던 시기에는 가격이 떨어지거나 보합이었다. 규제를 풀면 가격이

하락하고 규제를 강화할수록 가격이 상승하는 이유는 뭘까? 경제학자나 부동산 전문가들이 여러 가지 측면에서 분석하지만 굳이 그렇게 어렵게 공부할 필요가 없다. 우리는 그 이유를 이미 초등학교 때 다 배웠기 때문이다.

강제할수록
움켜쥐기 마련이다

한 나그네가 길을 걸어가고 있었다. 그 나그네를 보며 해와 구름이 내기를 한다.

"저 나그네의 외투를 벗기자."

먼저 구름이 시도해본다. 강한 비바람을 몰아치며 나그네의 외투를 힘으로 벗기려 한다. 하지만 나그네는 비바람이 몰아칠수록 외투를 벗기는커녕 더 세게 움켜쥔다. 외투가 날아가지 않도록 사력을 다해 외투를 감싼다. 결국 구름은 나그네의 외투를 벗기는 데 실패했다.

이제 해의 차례다. 해가 따뜻한 햇볕을 내리쬐며 날씨를 더워지게 한다. 길을 걷던 나그네는 날씨가 더워지자 이내 스스로 외투를 벗어 던진다. 결국 해가 이겼다. 강제로 외투를 벗겨보려던 구름은 내기에서 지고 말았다.

이 이야기가 의미하는 것은 무엇일까? 강제할수록 더 움켜쥐려 한다는 내용이다. 이 이야기는 현재 대한민국의 부동산 시장에 그대로 적용된다. 부동산 가격을 떨어뜨리기 위해 정부가 각종 규제책을 내놓고 있지만 규제가 강해질수록 부동산 소유자들은 더더욱 집을 팔려고 하지 않는다.

지난 10여 년간 정부가 내놓은 부동산 규제의 대표 주자가 바로 양도소득세 강화다. 부동산 가격이 오르는 것을 막기 위해 매매차익에 더 많은 세금을 부과하는 정책이다. 대부분의 부동산 보유자들이 정부의 양도소득세 강화 정책을 싫어한다. 하지만 여기서 우리가 깨달아야 할 것이 있다. 부동산 보유자들이 싫어하는 양도소득세가 부동산 가격 상승의 주범이 되어왔다는 사실이다.

앞서 이솝 우화에서 보았듯이 사람도 시장도 규제를 강화할수록 더더욱 움켜쥐려 한다. 거래가 활성화되어야 가격이 조정되는데, 양도소득세가 늘어나면서 주택을 매도하는 사람이 줄어버렸다. 집을 팔면 차익의 절반이 세금인데 누가 팔려고 할까? 재화의 가격은 기본적으로 수요와 공급의 법칙에 따라 결정되는데, 사려는 사람은 많은데 규제가 강화되어 팔려는 사람이 줄어드니 가격이 상승하는 현상이 반복될 수밖에 없다. 어려운 경제 이론을 갖다 붙이지 않더라도 이솝 우화만 제대로 읽었다면 알 수 있는 내용이다. 규제할수록, 세금을 강화할수록 가격이 상승하는 역효과가 따라온다. 부동산 보유자들은 양도소득세를 가장 싫어하지만 역설적으로 양도소득세가 그들의 집값을 올려준 고마운 세금인 셈이다.

지금까지의 이야기는 규제 강화가 시장에 역효과를 미칠 수 있다는 내용이었다. 이제 다음 이야기를 보자. (지금부터는 이솝 우화에 없는 이야기다.)

부자를 잡을수록
서민이 피해를 본다

●

이번에는 두 나그네가 길을 걸어가고 있다. 한 나그네는 5벌의 외투를 걸치고 있고, 다른 한 나그네는 외투를 1벌만 걸치고 있다. 다들 예상했겠지만 5벌 걸친 나그네는 가진 자(부자)이고, 1벌 걸친 나그네는 서민(빈자)이다. 아까와 마찬가지로 해와 구름이 내기를 시작한다. 저 나그네들의 외투를 벗기자고. 먼저 구름이 시작한다.

이전 내기에서 해에게 져서 자존심이 상할 대로 상한 구름이 이번에는 비장한 각오로 승부에 임한다. 전보다 훨씬 강한 비바람을 몰아치며 나그네들의 외투를 벗기려 한다. 길을 가던 두 나그네는 비바람이 몰아치자 어떻게든 외투가 벗겨지지 않으려고 더더욱 외투를 움켜쥔다. 하지만 비바람이 점점 더 세차게 몰아치자 외투를 움켜쥐기가 힘들어지고 어느 순간 결국 붙잡고 있던 외투가 벗겨질 수밖에 없다.

그런데 이 상황에서 두 나그네의 상황이 달라졌다. 외투를 5벌 걸친 나그네는 1벌이 벗겨졌지만 그에게는 아직 4벌의 외투가 남아 있다. 조금 추워지긴 했지만 체온이 떨어지지도 않았고 몸에 이상도 없다. 비바람이 오랫동안 몰아친다 해도 버티는 데 크게 문제가 없다.

반면에 외투를 1벌만 걸친 나그네는 상황이 완전이 다르다. 어쩔 수 없이 한 벌을 벗었더니 알몸이 되고 말았다. 외투 하나 없이 계속되는 비바람을 견디다 보니 결국 체온이 떨어지고 몸이 상했다. 이제 그는 생사를 걱정해야 할 지경에 이르고 말았다.

이 이야기가 전달하는 의미는 무엇일까? 규제가 심해질수록 가진 자보다 서민이 더 피해를 보게 된다는 사실이다. 부자를 잡으려고 세운 정책이 부자를 잡기는커녕 서민을 잡게 된다. 이미 최근 몇 년간 우리가 겪고 있는 현실이다.

자본주의의 늪, 발버둥칠수록 더 깊이 빠진다

●

규제를 강화하는 정부 정책 자체가 잘못된 것은 아니다. 다만 이 사회의 근간이 되어버린 자본주의를 무시한 채 정책을 만드는 게 문제다. 이미 자본주의의 극단을 달리고 있는 우리 사회에서는 정책을 쓰더라도 부익부빈익빈을 막을 수 없고 어설픈 정책을 쓰면 쓸수록 오히려 부익부빈익빈이 심화된다. 자본주의의 늪에 빠져버린 것이다.

늪에 빠졌을 때의 반응은 두 가지가 있다. 가만히 있는 경우와 늪을 빠져나오려고 발버둥치는 경우다. 늪에 빠졌을 때 가만히 있으면 어떻게 될까? 서서히 빠져간다. 반대로 늪에 빠졌을 때 살아나오기 위해서 열심히 발버둥치면 어떻게 될까? 더 빨리 빠져들게 된다.

정부가 사회를 개선하기 위해 애쓰는 모습은 안타깝지만 이 자본주의가 늪이라는 사실을 깨닫지 못하는 게 사실은 더 안타깝다. 뭔가 열심히 하고는 있는데, 열심히 하기 때문에 세상이 더 빨리 더 많이 힘들어지고 있다. 그렇다고 아무것도 안 하고 있으면 욕을 먹으니까 어쩔 수 없이 발버둥쳐보지만 발버둥을 칠수록 힘만 빠지고 몸은 더 깊이 빠져갈 뿐이다.

이것은 마치 목이 마른데 소금물을 마셔야 하는 상황과 같다. 물을 마셔야 하는데 주변에 소금물밖에 없다. 소금물을 마시면 당장은 갈증이 좀 나아지겠지만 나중에는 더 갈증이 나서 죽음에 이르게 된다. 그 사실을 알지만 지금 당장 생명을 연장하려면 어쩔 수 없이 소금물을 마셔야 한다. 안 먹자니 지금 죽고, 먹자니 더 고통스럽게 죽을 거고. 이게 바로 늪이다.

자본주의 사회에서 부익부빈익빈은 어설프게 제도를 만들고 어설픈 제도를 몇 번씩 수정한다고 막을 수 없다는 사실을 하루 빨리 깨달아야 한다.

이제 와서 규제를 풀면
더 큰 문제가 발생한다

　●

내친김에 한 발 더 나아가볼까?

　　비바람을 몰아치던 구름이 나그네들의 외투를 1벌씩 벗기는 데는 성공했다. 하지만 4벌 걸친 나그네의 외투를 마저 벗기려면 더더욱 강하게 비바람을 몰아쳐야 한다. 그런데 상황을 보아하니 그러다가는 결국 1벌 걸친 나그네가 죽을 판이다. 한 사람 외투를 더 벗기자고 다른 사람을 죽일 수는 없으니 결국 이쯤에서 중단할 수밖에 없다. 비바람이 그쳤다. 자, 이제 어떤 상황이 벌어질까?

　　비바람에 힘들어하며 1벌마저 벗겨진 나그네는 비바람이 그치자 온몸에 힘이 빠지며 정신을 잃고 쓰러지고 만다. 하지만 4벌 걸친 나그네는 아무 문제가 없다. 잠시 몸을 추스르며 바람에 흐트러진 매무새를 바로잡는다. 그러고는 조금 전에 비바람에 벗어버린 외투를 다시 주워 입는다. 옷을 입고 나서 주변을 둘러보니 정신을 잃고 쓰러진 나그네가 보인다. 다시 5벌을 걸친 나그네는 그 주변으로 가, 쓰러진 나그네로부터 벗겨졌던 1벌의 외투를 집어서 여섯 번째 외투를 걸친다. 그리고 유유히 그 자리를 떠나 아무 일 없었다는 듯이 가던 길을 간다.

이 이야기가 부익부빈익빈이 가속화되는 과정을 보여준다.

규제할수록 부익부빈익빈이 심해진다. 하지만 만약 규제의 실패를 인정하고 다시 규제를 해제한다면 그것은 더 큰 실수가 될 것이다. 이미 엎질러진 물, 이제 와서 규제를 풀어봤자 부익부빈익빈을 완화하기는커녕 더더욱 가속시킬 뿐이다. 원인은 늪이다. 늪에 빠지면 방법이 없다. 단편적인 제도나 방법을 바꾼다고 해결될 일이 아니다. 아예 구조적인 틀을 바꿔서 엄청난 대변혁이 일어나지 않는 한, 해결 방법은 없다.

위기의 두 얼굴,
폭락보다 더 무서운 쇠락

한국 경제에 위기는 언제 오는가? 지난 수십 년간의 역사에서 대한민국은 1998년, 2008년, 두 번의 큰 경제위기가 있었다. 그러다 보니 학습효과로 인해 조만간 또 위기가 찾아올 것이라는 주장이 늘어나고 있다. 10년 주기설에 따라 2018년에 위기가 온다는 이야기는 이미 틀렸고, 때마다 반복되는 위기설도 신빙성을 잃어가고 있다. 물론 2020년 초에 코로나 사태로 시장의 흔들림이 있었지만 실물경제가 심각하게 흔들리지는 않았다. 그렇다면 경제학자들이 말하는 위기는 언제 올까?

결론부터 말하자면 위기는 이미 와 있다. 위기의 종류가 달라져 아직 우리가 인지하지 못하고 있을 뿐이다.

위기의 두 가지 종류,
폭락과 쇠락

●

위기에는 두 가지 종류가 있다. 폭락과 쇠락이다.

폭락은 급격히 하락하는 것이고 쇠락은 점진적으로 하락하는 것이다. 쇠락의 의미를 사전에서 찾아보면 "힘이나 세력이 점점 줄어서 약해짐"이라고 되어 있다. 그런데 대부분의 경제학자가 폭락만을 위기라고 생각하고 쇠락은 위기라고 생각하지 않는다. 이것이 가장 큰 실수다. 단기적으로 볼 때 폭락이 큰 위험이기는 하지만 실제로 더 무서운 위기는 바로 쇠락이다.

개구리를 뜨거운 물에 넣으면 어떻게 될까? 뜨거운 물에 넣자마자 튀어나오려고 시도할 것이다. 그리고 결국 튀어나와 생존할 것이다. 뜨거운 물에 닿았으니 화상을 입긴 했지만 화상의 상처는 시간이 지나면 회복된다. 이것이 폭락이다.

이번엔 개구리를 찬물에 넣어두고 서서히 가열하면 어떻게 될까? 온도가 점점 오르지만 당장의 변화가 미미하기 때문에 물에서 나오려고 하지 않는다. 결국 물이 뜨거워질 때까지 나오지 못하고 서서히 죽게 된다. 이것이 쇠락이다.

폭락은 누구나 느낄 수 있는 큰 위기다. 그렇기 때문에 문제가 생기고 피해도 발생한다. 하지만 문제를 해결하려고 노력하다 보면 위기를 극복하게 된다. 반면에 쇠락은 서서히 진행되므로 위기라고 느끼지 못한다. 문제를 깨닫지 못하기 때문에 당연히 문제에 대한 해결책도 고민하지 않는다. 시간이 흘러 여기저기서 문제가 터지면 위기라는 것을 깨닫게 되지만 그때는 이미 늦었다.

폭락은 누구에게나
평등하다

●

폭락과 쇠락의 차이를 구체적으로 살펴보자.

폭락은 일시적으로 발생하고 사회 전반에 영향을 미친다. 일시적·순간적으로 발생하기 때문에 누구도 미리 대응할 수 없다. 일부 전문가들이 폭락 시 대응방법에 대해 이렇게 이야기하곤 한다.

"성장기에는 투자자산 비중을 늘려가다가 위기가 찾아오면 그때는 안전자산으로 전환하면 됩니다."

말은 된다. 하지만 정말 가능할까? 실제로 위기가 찾아오면 안전자산으로 전환할 수 있을까? 그렇다면 과거 IMF나 금융위기 때 왜 모든 투자자들이 손실을 입었을까? 안전자산으로 전환하면 됐

구분	폭락(暴落)	쇠락(衰落)
특징	일시적, 전반적	장기적, 차별적
진행 속도	순식간에 발생, 대응 불가능	수년, 수십 년에 걸쳐 진행
전조 증상	있음	당장은 아무 문제가 없음
자산가치	모든 자산가치가 동시에 하락	위기의 양극화
진행 과정	기본 체력에는 문제가 없음	점점 죽어감
위기 후 결과	경제 대부분이 정상 회복 가능	우량자산만 생존

을 텐데….

정작 위기가 발생하면 이미 늦었고, 그제서야 안전자산으로 전환하기는 더욱 어렵다. 이미 큰 손실이 발생했기 때문이다. 안전자산으로의 전환은 위기가 오기 전에 미리 하는 것이지, 위기가 발생하고 나서 할 수 있는 일이 아니다. 위기라는 것을 깨닫는 순간 이미 늦었다. 결국 폭락이 찾아오면 아무런 대응을 하지 못한 상태에서 자산 가격이 하락하는 것을 눈 뜨고 지켜볼 수밖에 없다.

더군다나 폭락 시에 대응을 못 하는 것은 누구나 똑같다. 자산이 많다고 대응을 잘하고 자산이 적다고 대응을 못하는 것이 아니다. 재산 여부, 지위 고하에 관계없이 자산을 가진 누구에게나 폭락의 위기가 동일하게 적용된다.

폭락은 사회 전반에 걸쳐 모든 자산에 영향을 미치기 때문에 모두가 고통스럽다. 하지만 우리가 지난 시절 이미 경험했듯이 손실을 회복하는 데 그리 오랜 시간이 걸리지는 않는다. 짧으면 1년, 길어도 2~3년 내에 손실을 회복할 수 있다. 왜냐하면 기본적인 경제 상황에 문제가 있는 게 아니기 때문이다.

건강한 성인이 단기간에 집중적으로 일하면 과로로 쓰러질 수 있다. 하지만 며칠 쉬면 다시 건강이 회복된다. 무리하긴 했지만 다른 장기에 문제가 있는 것이 아니기 때문이다. 경제도 마찬가지다. 지난 몇 번의 위기에서 경험했듯이 우리 경제 체질에 문제가 있어서라기보다는 단기간의 급등 또는 경제 한 분야의 문제로 인해 전체 경제에 일시적으로 위기가 찾아왔었다. 하지만 대부분 1~2년 내에 회복했고 이후에는 더 큰 성장을 이루어냈다. 이것이 폭락의 특징이다. 일시적·전반적으로 발생하고 상처도 생기지만 근본적인 문제가 있지는 않기 때문에 결국 회복도 빠르다는 말이다.

쇠락은 돈 가진 사람에게
절대적으로 유리하다

●

쇠락은 이와 다르다. 쇠락은 서서히 나빠지는 상황을 말한다. 따라서 발생하는 기간이 매우 장기적이다. 짧게는 수년에서 길게는 수십 년에 걸쳐 진행된다. 서서히 진행되므로 일반인은 위기라고 인식하기 힘들다. 당장 어제와 오늘이 큰 차이가 없기 때문이다. 더구나 조금씩 나빠지는 데 익숙해지면 위기를 깨닫기는 더더욱 어려워진다. 그러나 오랜 시간이 지나고 나서 정말 죽음에 다다랐을 때, 그제서야 위기였음을 깨닫게 된다. '아, 지난 시간이 위기였구나. 진작 탈출했어야 하는데…'라고 후회하지만 대응하기에는 이미 늦었다.

앞서 설명했듯이 폭락은 사회경제 전반에 걸쳐 영향을 미친다. 하지만 쇠락의 가장 큰 문제는 누구에게나 위기가 찾아오는 것이 아니라 자산에 따라 차별적으로 위기가 진행된다는 점이다. 경제 상황이 서서히 나빠지기 시작하면서 대부분의 기업과 개인이 어려움을 겪기 시작하고, 일부 기업은 영업 손실이 발생하기도 한다. 이런 상황이 단기로 끝난다면 다행이지만, 경기 하락이 장기적으로 지속되면 상황에 따라 기업의 생존이 엇갈린다. 장기적인 불황을 겪는 과정에서 위기를 버텨낼 준비가 되어 있는 기업은 생존하지만, 준비가 되어 있지 않은 기업은 결국 버티지 못하고 도산하게 될 것이다.

그렇다면 장기적으로 진행되는 쇠락의 위기를 버텨낼 힘이 무엇일까? 혁신적인 기술력을 갖추고, 뛰어난 경영자가 있으면 버틸 수 있을까? 그렇지 않다. 위기를 버티는 힘은 바로 자본력이다. 자본, 즉 현금을 얼마나 보유하고 있는가가 생존의 열쇠가 된다. 따라서 쇠락의 위기를 버틸 만큼의 충분한 현금을 보유한 대기업들은 살아남는 반면, 현금자산이 부족한 대부분의 중소기업과 자영업자는 계속되는 손실을 버티지 못하고 파산하게 될 것이다. 그리고 이 과정에서 기술력이 뛰어난 중소기업들은 현금을 보유한 대기업들에 헐값에 넘어가게 될 것이다. 결국 대기업들만 생존하게 되고 그들이 망해가는 중소기업을 인수하는 과정을 거치며 부익부빈익빈이 더더욱 가속화된다.

폭락은 누구에게나 같은 위기지만 쇠락은 그렇지 않다. 돈이 없는 사람이나 기업은 점점 더 힘들어지는 반면, 돈을 가진 사람이나 기업은 점점 더 부를 축적해갈 것이다. 쇠락을 통해 자본주의 사회의 부익부빈익빈은 더욱 견고해진다.

대한민국은 지금 쇠락의 위기에 빠져 있다. 즉 서서히 나빠지고 있다. 어제와 오늘은 큰 차이가 없지만 10년 전과 비교해보면 지금이 더 살기가 힘들어졌고 앞으로 10년 후에는 더더욱 그럴 것이다. 사회가 전체적으로 어려워지는데도 가진 자들은 훨씬 부유해지고 있다. 위기의 결과가 차별적으로 진행되고 있는 것이다.

우리가 폭락만을 위기로 생각하고 폭락에 대비하는 사이, 사회의 양극화는 점점 더 심해지고 부자와 서민 간의 자산 차이도 더 크게 벌어지고 있다. 더 이상 바라만 보고 있으면 안 된다. 이제 위기에 대한 인식을 바꾸고 폭락이 아닌 쇠락에 대처해야 한다.

안전한 곳에는
먹을 게 없다

●

그렇다면 서서히 몰락하는 쇠락의 위기에 어떻게 대처해야 할까? 폭락과 쇠락은 위기의 형태도 다르지만 대처 방법도 다르다. 태풍은 엄청난 비바람을 몰고 온다. 그래서 태풍이 올 때 밖으로 나가면 피해만 커질 뿐이다. 태풍이 올 때는 안전한 건물로 피신해서 태풍이 지나갈 때까지 반나절 정도 기다리는 방법이 최선책이다.

하지만 비바람이 잠시 지나가는 게 아니라 오랫동안 계속되면 어떻게 될까? 안전한 건물로 피신하면 당장은 안전하다. 며칠 동안은 버틸 수 있다. 하지만 기간이 길어지면 문제가 생기기 시작한다. 건물 안에는 먹을 게 없기 때문이다. 결국 안전했던 건물은 더 이상 안전하지 않게 되고 시간이 지나면 식량이 동나 굶어 죽게 된다. 무조건 숨어 있기보다 위험을 감수하더라도 밖으로 나와 살 길을 찾아야 한다.

태풍이 몰아치듯 큰 위기가 찾아오는 폭락 시에는 잠시 동안 안전한 곳에 대피해 있으면 된다. 그러나 작은 위기가 장기적으로 지속되는 쇠락 시에는 대피가 답이 아니다. 위기에 맞서 극복할 방법을 찾아야 한다.

자산관리도 마찬가지다. 폭락이 찾아오면 안전자산으로 잠시 피하는 것이 상책이다. 하지만 부익부빈익빈이 서서히 심화되는 자본주의 사회에서 생존하려면 안전한 곳에 머물러 있으면 안 된다. 다소 위험을 감수하더라도 투자를 통해 자산을 지키고 불려야 한다.

부자가 되기 위해 투자를 배우라는 말이 아니다. 투자를 배워야 하는 이유는 부자가 되기 위해서가 아니라 살아남기 위해서다. 투자를 두려워하지 말고 투자를 해서 살아남자. 자본주의 사회에서 더 이상 망설이지 말고 올바른 투자를 통해 부의 진리를 터득하자.

정부를 믿지 말고
돈의 힘을 믿어라

이런 질문을 하는 사람들이 있다. "어쨌든 경제가 점점 나빠지고 있는 건 사실인데, 정부에서는 왜 위기가 아니라고 할까요?" 그 이유는 간단하다. 역사적으로 우리가 겪었던 대형 사고들을 살펴보면 그 답을 알 수 있다.

과거에 우리가 겪었던 불행한 사고들이 있다. 1995년 삼풍백화점 붕괴사고, 2003년 대구지하철 화재사고, 2014년 세월호 침몰사고가 대표적이다. 참으로 안타까운 사고들 때문에 수많은 사람이 희생되었다. 그런데 이 사고들을 잘 살펴보면 공통점이 있다.

삼풍백화점, 대구지하철,
세월호 사고의 공통점

●

삼풍백화점 붕괴사고는 부실한 공사로 인해 5층짜리 백화점 건물이 순식간에 무너져버린 사고다. 사고가 발생한 시각은 백화점 영업이 한창이던 오후 5시 50분경이었다. 백화점 사장실은 가장 높은 층인 5층에 있었다. 그렇다면 삼풍백화점 사장은 살았을까, 죽었을까? 살았다. 백화점이 무너지기 전에 이미 밖으로 나와 피신해 있었기 때문이다.

대구지하철 화재사고는 50대 중반 남성이 방화를 저질러 지하철 승객 198명이 사망하거나 실종된 사건이다. 함께 지하철에 타고 있던 지하철 기관사는 살았을까, 죽었을까? 살았다.

2014년에는 제주도로 향하던 여객선 세월호가 침몰하면서 학생들을 비롯한 304명의 승객이 사망하거나 실종되었다. 함께 배에 타고 있던 세월호 선장은 살았을까, 죽었을까? 살았다. 그는 제일 먼저 탈출했다.

대형사고가 발생했지만 대형사고 장소에 함께 있었고 사고를 막아야 할 대표자들은 모두 생존했다. 그들이 생존한 것보다 더 소름끼치는 또 하나의 공통점이 있다. 그들이 백화점, 지하철, 배를 빠져나오면서 똑같은 말을 했다는 것이다.

"기다리세요."

왜 그랬을까? 본인들만 빠져나오고 나머지 사람들을 죽이려고 일부러 그랬을까? 아무리 생각해봐도 일부러 그랬을 리는 없다. 그렇다면 왜 기다리라고 할 수밖에 없었을까?

1995년 당시로 돌아가보자. 삼풍백화점이 붕괴되기 3시간 전, 6월 29일 오후 3시, 백화점의 냉방기가 고장나고 건물에 금이 가면서 붕괴 징조가 보인다. 사장실에서는 회의가 열린다. 건물에 이상이 생긴 것에 대해 어떻게 조치할지 의논하고 있다.

"사장님, 건물에 이상이 있는데 만일을 대비해서 고객과 직원들을 대피시켜야 하지 않을까요?"

총무부장의 발언을 듣고는 사장이 말한다.

"건물 무너진다고 다 대피시켰는데 그러다 안 무너지면? 당장 내일부터 영업 못 할 텐데, 그럼 총무부장 당신이 책임질 거야? 그리고 부실 공사라는 게 들통나면 당신도 나도 바로 구속이야!"

위기라고 말할 수 없는
세 가지 이유

●

건물에 이상이 있지만 정말로 무너질지 안 무너질지는 아무도 알수 없다. 이런 상황에서 백화점 사장이 "건물이 조만간 무너질 수 있으니 모두 대피하세요!"라는 결정을 내릴 수 있을까? 만일을 대비해 대피시켰는데 만약 무너지지 않는다면 어떻게 될까? 고객들은 붕괴가 우려되는 불안한 백화점을 찾지 않을 테고 당분간 막대한 영업 손실이 발생할 것이다. 그리고 그 모든 책임을 대피하라고 말한 담당자와 사장이 떠안게 된다. 더군다나 그 위험이 부실 공사 때문이라면 위험을 알면서도 부실 공사를 지시한 담당자와 사장은 자신들의 잘못을 만천하에 공개하는 꼴이 된다.

위험하지 않다고, 기다리면 된다고 말할 수밖에 없는 이유는 명확하다. 이 위기가 정말 큰 태풍인지, 아니면 잠시 지나가는 바람인지 알 수 없기 때문이다. 그리고 그 위기를 만든 사람이 대표자 본인이라면 스스로 위기를 인정할 수 없다. 위기를 인정하는 순간 더 큰 혼란이 찾아오고 그 모든 책임을 본인이 져야 하기 때문이다.

위기라고 말할 수 없는 이유를 정리하면 다음과 같다.

첫째, 어느 정도로 큰 위기인지 알 수 없다.
둘째, 위기의 원인을 제공한 사람이 직접 위기라고 말할 수 없다.
셋째, 위기라고 인정하는 순간 더 큰 혼란이 찾아온다.

이런 사고가 발생하면 사람들은 고객과 승객을 버리고 나온 대표자에게 돌을 던진다. 그러면서 이렇게 말한다.
"내가 사장이라면 다 대피시켰을 텐데…."
과연 그럴 수 있을까? 그 상황에 처하면 누구나 똑같이 행동할 수밖에 없다. 나는 안 그럴 것 같지만 나도 마찬가지다. 위험을 경험한 적이 없고 다가올 위험이 어느 정도인지 확신할 수 없기 때문에 당장 문제를 덮는 데 급급해진다.

정치도 마찬가지다. 이전 정부에 문제가 있어서 정권이 바뀔 때 새로 정권을 잡은 정치인들은 이전 정부를 신랄하게 비판한다. 자기들이 만든 위기가 아니기 때문이다. 그러면서 말한다.

"저희는 과거 정권과 다릅니다. 잘못을 잘못했다 말하고, 위기를 위기라고 정직하게 이야기하겠습니다."

과연 그럴 수 있을까? 쉽지 않다. 막상 위기가 닥치거나 실수하면 똑같이 행동하게 된다. 정치인이라서 특히 더 잘못하는 게 아니라 인간의 본성이 그렇다. 정부가 의도적으로 잘못하는 것이 아니라 그들도 어쩔 수 없는 인간이기에 그럴 수밖에 없다는 뜻이다.

이런 상황을 이해한다면 이제 더 이상 정치인들의 말을 순진하게 믿고 그 말에 속아서는 안 된다. 그들의 말과 관계없이 자본주의 사회에서 본인이 생존할 방법을 스스로 찾아야 한다.

가장 열정적인 추종자가
가장 큰 피해자가 된다

●

어떤 문제가 생겼을 때 심심한 사과와 위로를 받는 것과 금전적인 보상을 받는 것 중 무엇이 더 중요할까? 많은 사람이 "제가 돈을 바라는 게 아닙니다. 단지 당사자의 사과를 요청하는 것뿐입니다."라고 말한다. 물론 사과와 위로도 필요하다. 하지만 돈이 중심인 자본주의 사회에서 진정한 승자는 돈을 받아낸 사람이라는 사실을 명심해야 한다.

회사를 운영하다 보면 회사에 우호적인 직원과 불만이 많은 직원이 있다. 당연히 사장은 본인에게 우호적인 직원들을 좋아한다. 그런데 우호적인 사람들은 요구 사항이 없을 뿐만 아니라 혜택을 조금 덜 줘도 큰 불만이 없다. 반대로 불만이 많은 직원들은 요구 사항이 많다. 그래서 밉지만 어쩔 수 없이 요구 사항을 들어줘야 한다. 이 과정을 반복하다 보면 결과적으로 우호적인 직원들보다 불만이 많은 직원들이 더 많은 혜택을 받게 된다. 우호적인 사람들이 격려를 더 많이 받겠지만 돈을 더 많이 가져간 사람들은 정작 불만이 많은 사람들이다. 결국 회사에 우호적이고 사장을 가장 열심히 추종한 사람들이 금전적으로 가장 큰 피해자가 된다.

주변을 둘러보면 정부 정책을 아무 비판 없이 무한 신뢰하는 사람들이 있다. 본인들이 정부 정책의 피해자가 되어도 언젠가는 좋아질 거라 믿으며 한번 믿은 정부를 절대 배신하지 않는다. 그런데 그렇게 절대적으로 믿으며 정상적인 비판과 평가마저 하지 않는다면 가장 큰 피해자가 될 수도 있다. 그리고 그 피해는 분명 금전적인 어려움과 직결될 것이다.

기회는 불평등하고, 과정은 불공정하며, 결과는 정의롭지 않은 세상이 오고 있다

●

우리는 수십 년간 자본주의 시대를 살고 있다. 그 결과 대부분의 국민이 과거보다 잘 살게 된 것은 자명한 사실이다. 하지만 자본주의의 특성상 그 결실을 나누는 과정은 공평하지 않았다. 과거에는 노력한 만큼 대가가 주어졌지만 언제부터인가 똑같이 노력해도 결과가 달라지기 시작했다. 노력의 크기보다는 돈이 있는지 여부가 결과에 더 큰 영향을 미치게 되었다.

이제는 노력만으로 부자가 될 수 없다. 개천에서 용이 날 수 없다. 부자가 되려면 지금 이미 부자여야 한다. 이 세상은 이미 돈 가진 사람에게 더 많은 기회가 주어지고, 돈 많은 사람이 더 유리한 과정을 거치며, 돈 많은 사람이 승리하는 세상이다.

앞으로는 어떻게 될까? 정부에서 서민을 위한 정책을 만들고 부자를 압박하는 법을 만들면 세상이 공평해질까? 그렇지 않다. 속도를 늦출 수는 있겠지만 자본주의가 지속되는 한 기회는 더더욱 불평등할 것이고, 과정은 더더욱 불공정할 것이며, 결과는 더더욱 정의롭지 못할 것이다. 어쩔 수 없이 받아들여야 하는 자본주의의 특징이다.

자본주의 사회에서 유일하게 믿어야 할 것은 돈이다. 이렇게 말하는 필자도 이런 현실이 안타깝고 슬프지만 인정해야 한다. 좋든 싫든, 찬성하든 반대하든 그런 것은 더 이상 중요하지 않다. 진보와 보수, 정치 논리로 나뉘어 싸울 필요도 없다. 시간 낭비일 뿐이다. 이 사회에서 생존하려면 정부 정책보다 돈의 힘을 믿어야 한다. 법과 돈이 싸우면 돈이 이긴다. 이미 경험한 진리다.

은행이 안전하다고 생각하는가?
은행에서 1% 이자를 받는 것이
훨씬 위험하다는 사실을 깨달아야 한다.

2장

부의 진리에
가까워지는
금융에 관한 진실

자본주의는 돈이 주인인 세상이다. 자본주의 사회에서 살아남으려면 돈이 어떻게 움직이고 어떤 역할을 하는지 정확히 알아야 한다. 돈의 움직임, 돈의 흐름이 바로 금융(金融)이다. '금융사'라고 하면 열에 아홉은 은행을 떠올리지만, 돈을 불리기 위해 투자하는 증권사도 있고, 돈을 지켜주는 보험사도 있다. 과거 고금리 시절에는 안정적이면서 수익이 높은 은행이나 보험사에 돈을 맡겼지만 이제는 투자로의 자산 전환이 필요한 시점이다.

하지만 투자에 대한 인식은 매우 부정적이다. '투자는 위험하고 나쁜 것'이라는 인식이 아직도 많다. 잘못된 투자를 해서 실패하는 것인데 투자 자체가 잘못되었다고 오해하는 것이다. 이제라도 무엇이 올바른 투자인지를 깨닫는다면 지금 같은 초저금리 시대에도 높은 수익을 올릴 수 있다.

부자를 위한 은행,
서민을 위한 주식

우리나라 사람들은 유독 은행을 좋아한다. 수십 년간 은행을 이용해왔고 은행이 제일 안전한 곳이라 믿는다. 투자를 하는 것보다 은행에 돈을 넣어두는 것이 더 좋다고 여기며 웬만해서는 은행을 떠나려 하지 않는다. 은행금리가 1% 이하로 떨어졌는데도 불구하고 아직도 은행을 맹신하는 사람이 너무 많다.

하지만 가만히 생각해보면 알 수 있다. 은행이라는 곳은 부자들이 자신들의 부를 더 늘리기 위한 도구라는 것을. 자본주의 사회에서 은행은 서민의 돈을 이용해 부자들의 부를 극대화하는 수단으로 사용될 뿐이다.

이 사실을 알고 있는 부자들은 가능한 모든 방법을 동원해서 은
행을 소유하려 한다. 하지만 우리나라는 금산분리법에 의해 기업
이 은행을 소유할 수 없다. 기업이 은행을 소유할 수 없도록 막아
놓았다는 이야기는 역설적으로 기업이 은행을 소유하고 싶어 한다
는 이야기다. 부자들, 그리고 기업은 왜 은행을 소유하려 할까? 은
행에서는 도대체 어떤 과정을 거치길래 서민의 돈이 부자들에게
이전될까? 다음 이야기를 읽어보자.

은행을 만든
진짜 이유

●

제조업체를 운영하는 한 기업가가 있다. 열심히 사업을 하다 보니
주문이 밀려들어온다. 밀려들어오는 주문을 소화하기 위해 기계
설비를 늘려야 하는데 돈이 부족하다. 기계를 살 수만 있다면 투입
비용 대비 몇 배의 수익을 낼 수 있는데 돈이 부족해서 기계를 못
사고 있다. 그런데 회사 자금 현황을 살펴보니 적지 않은 돈이 직
원들의 월급으로 나가고 있음을 발견한다.

"월급을 적게 주면 기계를 더 살 수 있을 텐데."

그렇다고 월급을 줄이면 직원들이 회사를 그만둘 테니 그럴 수

도 없다.

"직원들에게 지급하는 월급을 다시 가져올 수 있는 좋은 방법이 없을까?"

고민 끝에 사장은 사내에 작은 은행을 설립하기로 한다. 그리고 직원들에게 홍보한다.

"회사에서 사내 은행을 설립했습니다. 여러분의 소중한 월급을 은행에 맡기시면 다른 곳보다 높은 3%의 이자를 드리도록 하겠습니다."

이 말을 들은 직원들이 월급의 대부분을 사내 은행에 저축하기 시작한다. 직원들에게 지급한 월급이 하루 만에 다시 은행으로 돌아온다. 은행에 돈이 들어오자 사장은 그 돈으로 기계를 산다. 그리고 기계를 돌려서 엄청난 돈을 번다. 하지만 직원들에게는 3% 이자만 주면 된다. 남는 장사다.

소설 속에 나오는 이야기가 아니다. 실제 기업들이 은행을 소유하려는 이유를 쉽게 설명한 것이다. 기업은 돈이 필요한데 돈은 은행이 가지고 있다. 따라서 기업이 은행을 소유할 수만 있다면 돈 놓고 돈 먹는 장사가 된다. 일개 기업이 은행을 소유할 수 없을 뿐이지, 전체 사회로 확대해보면 기업과 은행은 이런 연결고리를 형성하고 있고 이를 통해 기업들은 부를 늘려간다. 이것이 자본주의 사회에서 은행의 역할이다.

은행을 이용해 엄청난 돈을 버는 사장과 달리 직원들은 기업가의 노리개가 되어버린다. 그들은 사장님이 왜 은행을 설립했는지, 은행에 저축하는 자신의 행동이 어떤 의미인지도 모른 채 그저 조금 높은 이자에 월급을 맡겨버린다. 직원들이 맡긴 돈이 기계 설비가 되어 돌아오고, 기계 설비가 늘어나면서 직원들이 설 자리는 줄어든다. 직원들이 은행에 더 많은 돈을 저축할수록 사장님은 더 부자가 되지만 직원들은 일자리를 잃게 된다. 이것이 부익부빈익빈이 되는 자본주의 논리를 이해하지 못하고 3% 이자에 만족하며 은행에 돈을 몰아주는 불쌍한 직원, 서민들의 결말이다. 은행은 서민의 돈을 안전하게 지켜주는 회사로 포장되어 있지만 실상은 그렇지 않다. 자본주의 사회에서 은행은 서민의 돈을 이용해 부자들의 부를 더 늘려주는 도구일 뿐이다.

주식,
가진 자들의 실수

●

그런데 모든 게 완벽할 수 없듯이 부자들도 실수를 한다. 돈을 가진 사람들이 더 많은 돈을 가지고 싶은 욕심 때문에 절대 해서는 안 될 일을 하고 만다. 다음 이야기를 계속해서 읽어보자.

사내에 은행을 설립한 이후 사장의 부는 점점 더 늘어난다. 직원들이 저축한 월급으로 기계 설비를 늘리고 그로 인해 수익이 더 늘어났다. 수익으로 다시 기계를 사고, 그 기계를 활용해 또다시 수익을 늘리고… 더할 나위 없이 좋다. 그런데 은행을 설립한 지 1년이 다 되어가자 한 가지 고민이 생긴다. 직원들이 저축한 돈이 만기가 되어 원금과 이자를 지급해야 하는 시점이 된 것이다. 돈을 많이 벌었으니 원금과 이자를 지급하기 어렵지는 않지만 1년간 내 돈처럼 썼는데 갑자기 은행 자산에서 돈이 빠져나간다고 생각하니 배가 좀 아프다.

"아깝네. 이 돈을 직원들한테 돌려주지 않는 방법이 없을까?"

여러 가지 고민 끝에 직원들을 불러 제안한다.

"며칠 있으면 여러분이 은행에 저축한 돈이 만기가 됩니다. 만기가 되면 원금에다 3%의 이자를 받을 수 있습니다. 그런데 3% 이자라고 해봐야 큰돈은 아닐 겁니다. 그래서 회사가 여러분에게 더 좋은 조건을 제안하려고 합니다."

직원들이 웅성거린다.

"더 좋은 게 있다고? 뭐지?"

"여러분이 은행에 맡긴 돈을 찾지 않는다면 그 돈을 우리 회사의 주식으로 바꿔드리겠습니다. 우리 회사는 지금 엄청난 성장을 하고 있습니다. 은행에 묶어둬봐야 이자가 3%밖에 안 되지만 회사 주식으로 바꾼다면 수십%, 수백%의 수익을 낼 수 있을 겁니다."

"그래? 돈을 훨씬 더 많이 벌 수 있다고? 그럼 사장님 제안대로 주식으로 바꿔야지!"

결국 직원들은 은행에 맡긴 돈을 찾지 않고 회사의 주식으로 바꾼다. 그들이 무슨 일을 하고 있는지도 모른 채 말이다.

은행에 맡긴 돈과 주식은 어떤 차이일까? 은행에 맡긴 돈은 원금과 이자를 지급해야 한다. 하지만 주식은 회사에 투자한 것이므로 사장이 투자자에게 원금과 이자를 지급할 의무가 없다. 결국 직원들은 본인의 돈을 고스란히 회사에 바치게 된다.

돈 욕심에 목을 내놓은 사장과
황금을 갖고도 황금인 줄 모르는 직원들

●

여기까지 보면 사장님의 계획은 매우 성공적이다. 초기에 약간의 자본을 들여 회사를 세웠지만 회사가 성장하는 과정에서 사장 본인의 돈은 거의 들어가지 않았다. 직원들의 돈을 이용해 회사를 키웠고 이자를 지급하는 대신 주식으로 바꿔주면서 결국 원금 상환 의무도 사라졌다. 지금까지는 완벽해 보인다.

그런데 이 과정에서 사장님이 한 가지 실수를 했다. 직원들에게 나눠준 주식에는 회사의 경영에 관여할 수 있는 의사결정권이 있다는 사실을 깜빡한 것이다. 직원들이 은행에 저축한 돈은 채권이므로 원금과 이자만 돌려주면 된다. 하지만 회사의 주식으로 바꿔주는 순간 직원들이 회사의 경영권에 참여할 수 있게 된다. 만약 직원들이 보유한 주식 비율이 높아지면 직원들의 영향력이 커지고 심지어는 사장을 교체할 수도 있다. 사장 입장에서는 돈을 주기 싫어서 주식으로 바꿔주었는데, 다시 생각해보니 자신의 목을 내놓는 어리석은 행동을 한 것이다. 제가 놓은 덫에 제가 걸린 셈이다.

하지만 천만다행이다. 직원들은 주식 가격에만 신경 쓸 뿐, 주식을 가지고 있으면 의사결정권을 행사해 경영에 참여할 수 있다는 사실을 전혀 모른다.

"직원들이 회사의 의사결정권을 갖고 있다는 사실을 영원히 몰라야 할 텐데. 주가가 떨어질 때 팔게 해서 싼값에 다시 회수해야겠군."

주식 투자의 본질은 회사의 주주가 되어 의견을 제안하고 회사의 성장과 함께하는 것이다. 주식을 팔아 수익을 남기는 것은 부차적인 목적이다. 그런데 우리나라 사람들의 주식 투자에 대한 인식을 보면 '주주'라는 개념이 아예 없다. 그저 싸게 사고 비싸게 팔아서 매매차익을 남기는 재테크 수단으로만 인식하고 있다. 그러다 보니 투자도 실패하고 주주로서의 권리도 행사하지 못한다. 엄청난 권한을 갖고 있으면서도 그 권한이 무엇인지, 어떻게 사용해야 하는지 모르는 것이다.

이런 상황에서 부자가 자산을 늘리는 방법은 간단하다. 돈에 무지한 서민을 이용해 돈을 불려가는 것이다. 이것이 자본주의의 논리다. 돈에 대해 모르면 모를수록 서민들은 부자들에게 더 많이 이용당하고 결국 돈을 모르는 서민은 점점 더 가난해진다.

더 늦기 전에 돈에 대해 공부하고, 투자의 본질을 올바로 이해해야 한다. 이미 계급이 정해진 사회에서 돈에 대해 알게 된다고 갑자기 부자가 되는 것은 아니다. 하지만 부자가 되지는 못할지언정 빈익빈으로 전락하는 상황은 막을 수 있다. 아무 생각 없이 은행만 이용하는 것은 돈의 노예가 되는 지름길이다. 또한 주식 투자를 재테크 수단으로만 활용한다면 돈의 노예에서 벗어날 수 없다. 반드시 돈의 역할, 투자의 본질을 제대로 이해해야 한다.

주식 투자의 본질은
한 배를 타는 것이다

이제 주식 투자의 본질에 대해 좀 더 구체적으로 알아보자. 주식은 주식회사가 발행하므로 주식을 이해하려면 먼저 기업에 대해 이해할 필요가 있다.

기업을 설립하고 성장시키려면 돈, 즉 자본이 필요하다. 물론 내 돈이 많다면 내 돈으로 사업하면 된다. 하지만 사업을 더 크게 키우려면 더 많은 자본이 필요하고 내 돈만으로는 부족할 수 있다. 이때는 외부에서 돈을 조달해야 한다. 기업이 외부에서 자본을 조달하는 방식은 두 가지가 있다. 빌리거나 투자받거나.

빌려주고 이자를 받는 것은
투자가 아니다

●

돈이 필요하면 타인에게 돈을 빌려오면 된다. 돈을 빌리는 사람을 채무자라 하고, 돈을 빌려준 사람을 채권자라 한다. 채무자는 채권자에게 정기적으로 이자를 지급해야 하고 일정 기간 내에 돈을 갚아야 한다. 그래서 채무자는 채무금액, 상환기간, 이자율 등이 적힌 문서를 채권자에게 제공한다. 이것을 차용증이라고 부른다. 차용증을 다른 말로 채권이라 한다.

채권을 가진 것은 투자가 아니다. 채권자는 기업(채무자)에 돈을 빌려줬을 뿐이므로 그 돈으로 기업(채무자)이 뭘 하든 상관할 필요가 없다. 기업이 잘되든 안되든 그것도 중요하지 않다. 채권자는 정해진 기일에 정해진 이자만 제대로 받으면 되고, 설령 기업이 어려워진다 하더라도 만기 때까지 기업이 망하지만 않으면 원금을 돌려받을 수 있다. 반대로 기업이 엄청나게 성장한다 해도 이 역시 채권자와 무관하다. 채권자는 기업의 실적과 관계없이 정해진 이자와 원금만 돌려받는 것이므로 기업의 이익이 많이 났다고 해서 수익을 배분받을 수 없다.

따라서 채권은 기업이 망하지 않는 한 안전하다. 하지만 추가적인 수익을 기대하기도 어렵다. 더구나 기업의 의사결정에 어떠한 권리도 행사할 수 없다. 이것이 채권의 특징이다.

위험을 감수하는 대신
이익을 나눠 갖는 것이 투자다

●

기업이 돈을 조달할 때는 돈을 빌릴 수도 있지만 투자를 받기도 한다. 기술은 있지만 당장 현금이 없어서 이자를 지급하거나 돈을 갚을 능력이 없는 기업이라면 돈을 빌리는 방법보다 투자받는 방법이 더 나을 수 있다. 돈을 빌리면 이자 지급과 만기 상환에 대한 의무가 있지만, 투자를 받으면 투자자에게 정기적으로 이자를 지급하거나 만기에 돈을 상환해야 할 의무가 없기 때문이다.

그렇다면 돈을 투자한 사람은 아무 권리도 보장받지 못한 채 돈을 넘겨줘야 할까? 그렇지 않다. 투자자는 돈을 투자한 대가로 주식을 받는다. 돈을 빌려준 사람이 채권(차용증)을 받는다면, 돈을 투자한 사람이 받는 것은 바로 주식이다. 그리고 주식을 보유한 사람을 주주라고 한다.

주주는 자신의 돈을 빌려준 게 아니기 때문에 이자를 받을 권리도 없고, 원금 상환에 대한 보장도 없다. 더군다나 투자한 회사가 망한다면 단 한 푼도 돌려받을 수 없다. 하지만 투자한 회사가 성장한다면 성장에 따른 이익을 주식 비율만큼 배분받을 수 있다. 이 경우 채권에서 받는 이자와는 비교도 안 될 만큼의 큰 수익을 얻을 수도 있다.

이익을 낸 기업 입장에서는 열심히 노력해서 벌어들인 돈을 투자자에게 나눠주는 것이 아까울 수도 있다. '이렇게 회사가 성장할 줄 알았다면 투자받지 말고 그냥 빌리기만 할걸.' 기업주 입장에서 이런 생각이 들 수도 있지만 어쩔 수 없다. 돈을 빌린 게 아니라 투자를 받았기 때문에 주주들이 보유한 주식의 비율만큼 이익을 나눠주어야 한다. 투자자는 그 기업의 미래가 불확실한데도 본인 자금의 손실을 감수하고 투자한 사람이기 때문이다.

투자는 단순히 돈을 빌려주고 이자를 받는 채권과 다르다. 원금의 손실을 감수하더라도 기업의 미래가치에 투자하고 기업의 성장에 따른 수익을 배분받는 것, 기업과 한 배를 타고 기업의 성장을 함께하는 것, 이것이 바로 진정한 주식 투자의 본질이다.

투기자는
단기 수익만을 바란다

●

이런 차원에서 볼 때 지금까지 우리가 해온 투자 방식, 즉 어떤 회사인지도 모른 채 유행성 정보만 가지고 '단타를 치는' 방식은 투자의 본질과는 거리가 너무 멀다. 진정한 투자가 무엇인지 한 번도 고민해본 적이 없는, 그저 단기 수익률에 눈먼 투기일 뿐이다.

물론 단기적으로 유행성 정보를 활용해서 하루이틀 만에 수십%의 수익을 낼 수도 있다. 그렇게 수익을 냈다고 자랑하는 사람들도 있다. 하지만 투자를 받는 기업주 입장에서 보면 회사 주식을 매수한 사람 중에 그런 투기자가 많다는 것은 안타까운 일이다. 투자자들이 돈을 투자한 지 불과 몇 시간 또는 며칠 만에 회사가 수익을 내주기를 기대한다면 과연 어떤 기분일까? 투자한 이후 매일같이 회사에 찾아와 수익이 나고 있는지를 물어본다면 얼마나 짜증날까?

오늘 사서 내일 주가가 오르기를 바라는 건 성적이 부진한 자녀가 학원에 딱 하루 다녀와서 바로 성적이 오르기를 기대하는 것과 같다. 학원을 하루 갔다고 성적이 오를 리도 없겠지만 하루 공부하고 성적이 오르는 게 더 이상한 일이다.

그런 투자는 차라리 안 받는 게 낫다. 단기적인 수익과 성과를 바라는 투기자가 많아질수록 기업을 경영하기는 더 힘들어지고, 기업의 성장은 더뎌지기 때문이다. 기업이 성장하지 못한다면 주가도 등락을 반복할 뿐, 상승하기는 어렵다.

올바른 투자자는
마음가짐이 다르다

●

주식 투자의 본질을 이해하는 투자자라면 다음과 같은 마음가짐이 필요하다.

첫째, 장기적으로 투자가치가 있는 기업을 찾아야 한다. 그 기업이 미래 성장성이 있는 기업일 수도 있고, 현재 우량한 기업일 수도 있다. 미래 성장성이 있는 기업은 주식 매매차익을 크게 실현할 수 있을 테고, 현재 우량한 기업은 주가가 크게 오르지는 않더라도 꾸준한 배당을 받을 수 있을 것이다. 어떤 기업을 선택할지는 투자자의 성향과 추구하는 목표에 따라 다르다.

둘째, 기업을 선택하고 투자했으면 그 기업이 성장할 때까지 기다려줘야 한다. 기업에서 개발하고 있는 기술이 성과를 내려면 짧게는 1~2년, 길게는 10년 가까이 걸릴 수도 있다. 그렇다면 투자 기간도 최소 1~2년, 길게는 10년 이상 주식을 보유하며 기다려야 한다.

셋째, 투자는 자식 키우는 마음으로 해야 한다. 기업도 인간과 같아서 좋을 때도 있고 안 좋을 때도 있다. 신기술을 탑재한 제품이 출시되어 판매실적이 오르기도 하지만 반대로 내적·외적 요인으로 인해 어려움을 겪는 시기도 있다. 그런데 감탄고토(甘呑苦吐, 달면 삼키고 쓰면 뱉음)한다면, 다시 말해 실적이 좋아서 주가가 상승할 때는 응원하다가 실적이 조금 부진하다고 주식을 팔아 치운다면 기업 입장에서 그런 투자자를 좋아할까? 공부 잘할 때만 내 자식이고 성적 떨어지면 남의 자식 되는 게 아니다. 적어도 내가 믿는 자식이라면 잘할 때 응원하는 것은 물론이고, 힘들 때도 믿고 위로해줘야 한다. 그래야 진정한 부모다. 투자도 마찬가지다. 자기가 선택한 회사라면 주가가 떨어졌다고 팔아 치우지 말고, 회사의 성장성을 믿고 오히려 저가에 매수해 주식수를 늘려가는 투자자가 진정한 투자자다. 그리고 이런 마음가짐을 가진 투자자가 많아질 때 그 기업의 주식은 본격적으로 상승하기 시작한다.

진정한 투자 수익은
매매차익이 아니라 배당이다

앞서 말했듯 투자의 본질이란, 기업의 미래가치에 돈을 투자하고 기업의 성장에 따른 수익을 나눠 받는 것이다. 그렇다면 투자의 본질을 이해하고 올바른 투자를 했을 때는 어떤 이익이 있을까?

우량한 기업에 장기투자하고 기업이 성장했을 때 투자자(주주)가 이익을 배분받는 방법은 두 가지가 있다. 첫 번째는 주가 상승에 따른 주식 매매차익을 실현하는 방법이고, 두 번째는 기업에 수익이 발생하면 수익의 일부를 배당으로 지급받는 방법이다.

대부분, 아니 거의 모든 투자자가 주식 투자라 하면 싸게 사고 비싸게 팔아서 차익을 남기는 것으로만 알고 있다. 배당에 대해 들어본 적은 있지만 자기가 투자한 기업이 배당을 주는지 안 주는지 관심도 없고, 일단 매매차익에만 관심을 기울일 뿐이다. 그러다 보니 주식 투자를 10년 넘게 해도 배당에 대해 잘 알지 못한다.

설사 배당이 있다는 걸 알아도 크게 관심을 두지 않는다. 실제 배당을 하는 기업은 보통 1년에 2~5% 내외의 배당을 하는데, 하루에도 몇 %씩 오르락내리락하는 주식시장에서 그 정도의 배당률에 관심을 가질 리 없다. '연 3%? 애개, 고작 그거 받으려고 주식 투자하나? 3%는 하루 만에도 벌 수 있겠네!'라고 생각하며 배당을 같잖게 본다. 진짜 그럴까? 단기투자, 아니 투기를 하는 사람들에게는 연 2~3%의 배당이 우스울지도 모른다. 하지만 티끌 모아 태산이라고 했듯이 장기투자자에게 배당은 아주 큰 힘이 된다.

티끌 모아 태산이 되는
배당의 힘

예를 들어보자. 한 기업에 10년간 투자한다면 10년 후에 주가가 오를 수도 있고, 그대로일 수도 있고, 떨어질 수도 있다. 배당 역시 회사가 성장하면 더 많이 줄 수도 있고, 회사가 어려우면 적게 줄 수도 있다. 평균적으로 3% 정도 배당을 한다고 가정해보겠다.

| 배당금에 따른 수익 비교 |

현 주가	투자금액	10년 후 주가	10년 후 투자 잔고	10년간 배당 총액	총 잔액	수익률
1만 원	1천만 원	2만 원	2천만 원	300만 원	2,300만 원	130%
		1만 원	1천만 원	300만 원	1,300만 원	30%
		7천 원	700만 원	300만 원	1천만 원	0%

만약 10년 후에 주가가 100% 오른다면 주식 매매차익으로 100%를 벌고, 배당으로도 연간 3%씩 10년간 30%를 벌게 된다. 주가가 2배 올랐으니 배당이 없어도 만족할 만하다.

만약 10년 후 주가가 10년 전과 비교해 그대로라면 주식 매매차익은 발생하지 않는다. 하지만 그동안 배당으로 받은 금액이 누적되어 수익률이 30%이므로 원금도 지키면서 은행이자보다 나은 수익을 얻게 된다.

이번에는 10년 후 주가가 지금보다 30% 떨어진다면 어떻게 될까? 사실 우량기업의 주가가 30%씩 빠지기도 쉽지 않다. 단기적으로는 급등락하는 시점이 있겠지만 장기로 갈수록 변동성은 줄어든다. 설령 손실을 본다 하더라도 이미 지난 10년간 30%에 가까운 배당을 받아왔다. 따라서 주가가 떨어지더라도 손실분을 배당받은 돈으로 메꿀 수 있다. 물론 주가가 하락한다면 배당률도 동반 하락하겠지만 배당을 정기적으로 한다는 가정하에서는 주가 손실분을 어느 정도 만회할 수 있다.

배당을 정기적으로 받을 수 있다면 결론적으로 주가가 올라도 좋고, 보합이어도 은행보다 낫고, 떨어져도 손실을 만회할 수 있는 수준이다. 그렇다면 해볼 만한 투자 아닌가? 2~3% 배당, 얼마 되지 않는다고 얕잡아봐서는 안 된다. 배당이 쌓이면 더 큰 수익이 된다. 배당의 힘, 무시하지 마라.

배당을 하는 회사는
이익이 나는 회사다

모든 기업이 주주에게 배당을 하는 것은 아니다. 배당은 회사의 결정사항이다. 배당을 하는 기업도 있지만, 그렇지 않은 기업이 더 많다. 배당을 하는 기업도 매번 배당을 하는 것은 아니다. 올해 배당을 할 수도 있고, 하지 않을 수도 있다.

배당을 하는 것이 무조건 좋기만 할까? 꼭 그렇지는 않다. 배당은 주가와 상충하기 때문이다. 배당을 하면 받는 사람들 입장에서는 좋지만 기업에는 좋을 리 없다. 왜냐하면 배당은 기업이 보유한 현금이 빠져나가는 것을 의미하기 때문이다. 정상적이라면 배당이 결정되는 순간 배당이 빠져나가는 만큼 기업가치가 하락하므로 주가도 빠지게 된다. 이를 '배당락'이라 한다.

기업 대표 입장에서는 주주에게 배당을 하는 것보다 배당할 돈을 기술 개발에 투자해서 회사의 가치를 더 높이는 것이 좋을 수도 있다. 기술 개발이 빨라지면 회사의 주가가 더 상승하기 때문이다. 회사가 어려운 상황이라면 배당을 해서 재정적으로 어려워지기보다 배당을 재투자해서 회사를 성장시키는 편이 더 나을 수도 있다. 따라서 주주 입장에서 배당은 순기능과 역기능이 있다.

그럼에도 불구하고 배당의 기본 조건은 기업에 수익이 나야 한다는 것이다. 이 말은 배당을 하는 회사는 수익이 나는 회사이고, 배당이 많아진다는 것은 회사가 발전하고 있다는 것을 의미한다. 즉 배당은 회사의 성장성을 확인할 수 있는 중요한 지표이므로 배당을 하는 회사의 주식은 주가 상승 가능성이 더 높다. 그런데도 많은 주식 투자자가 배당을 과소평가하는 경향이 있다.

배당은 투자금액보다
보유주식 수가 중요하다

●

그렇다면 배당은 언제 얼마나 어떻게 지급될까? 일반적으로 배당은 1년에 한 번 지급하지만 기업에 따라 분기별로 지급하는 경우도 있다. 배당 기준일은 기업의 결산일을 기준으로 해서 결산일에 주식을 보유한 사람에게 지급한다. 1년 내내 주식을 보유하고 있지 않아도 결산일 하루만 보유하고 있으면 배당을 받을 수 있다.

배당은 얼마나 받을 수 있을까? 배당금액은 투자금액이 아니라 보유주식 수에 따라 지급하기 때문에 얼마를 투자했는지보다 몇 주를 가지고 있는지가 더 중요하다. 만약 기업에서 올해 1주당 1천 원씩 배당하기로 결정했다면 100주를 가지고 있는 주주는 10만 원의 배당을 받게 되고, 1천 주를 가지고 있는 주주는 100만 원의 배당을 받게 된다.

배당을 받을 주주의 자격과 배당금액이 결정되면 기업은 주주에게 배당금을 지급한다. 보통 배당금은 배당이 결정된 날로부터 1~2개월 내에 지급되며 주식을 보유한 증권사의 계좌로 지급된다.

배당을 받으려면
우량기업에 집중하라

●

일반적인 투자자들은 배당금액 자체가 크지 않다. 왜냐하면 주식 투자금액 자체가 적고, 적은 금액을 여러 종목에 나눠 사며, 대부분의 종목이 배당을 하지 않는 종목이기 때문이다. 하지만 같은 금액이라도 배당을 하는 우량기업에 집중투자하면 배당의 효과를 느낄 수 있다. 물론 하루에도 상한가를 쳐서 수십%의 수익을 기대하는 단기투자자에게는 새발의 피도 안 되는 수익일 것이다. 그들에게는 매매차익이 중요할 뿐 배당은 관심사항이 아니니까.

하지만 우량자산에 장기투자하는 투자자에게 배당은 매우 중요한 수익이다. 생활비가 되기도 하고, 재투자의 기회가 되기도 한다. 또 배당을 중심으로 투자하다 보면 주가 상승은 보너스로 찾아온다. 투자의 결과를 보더라도 매매차익을 중심으로 한 단기투자자들은 결국 매매차익도 실패하고 배당도 못 받지만, 배당을 중심으로 한 장기투자자들은 배당과 더불어 큰 폭의 매매차익까지 동시에 얻을 수 있다.

금융회사는 투자의 본질을
알려주지 않는다

지금까지 오랫동안 투자를 해왔지만 투자의 본질을 몰랐던 사람은 이 책을 읽으면서 뒤통수를 맞은 느낌이 들 수 있다. 우리는 투자의 본질을 왜 몰랐을까? 그것은 개인 투자자의 잘못이 아니다. 그 내용을 제대로 알려주거나 교육하는 곳이 없었기 때문이다.

주식 거래와 투자상품을 판매하는 금융회사는 투자자에게 투자의 본질을 알려주지 않는다. 미래가치가 있는 기업의 주식을 장기적으로 보유하는 것이 진정한 투자라는 것을 가장 잘 알고 있을 금융회사가 왜 투자자에게 그런 내용을 알려주지 않을까? 답은 뻔하다. 금융회사 입장에서는 올바른 투자자가 많아지면 회사의 수익에 불리하기 때문이다. 금융회사의 수익은 거래수수료다. 고객으로 하여금 수많은 거래를 하게 해서 되도록 많은 거래수수료를 받아내야 한다.

올바른 투자,
과연 금융회사가 좋아할까?

"오늘 ○○회사의 주식을 사서 10년간 장기 보유할 겁니다."

증권사에서 주식 계좌를 개설하면서 이렇게 이야기한다면 증권사 직원은 어떻게 반응할까? 아마도 얼굴색이 변하면서 똥 씹은 표정을 지을 것이다. 그러고는 잠시 후에 이렇게 이야기할 것이다.

"고객님, 장기보유했다가 망하면 한 푼도 못 돌려받는데, 제가 단기간에 수익 낼 수 있는 종목을 추천해드릴 테니 매매 한번 해보시죠."

그러면서 자주 거래할 수 있는 종목을 추천할 것이다. 증권사 직원 입장에서는 회사에 수익이 생기도록 거래를 유도하는 게 당연하다. 그래야 월급을 받고, 그래야 승진하니까.

그런데 만약 돈에 눈먼 투기꾼이 제 발로 찾아와서 계좌를 개설하고 매일 수차례씩 주식 거래를 해준다면 이 얼마나 감사한 일인가! 금융회사 입장에서는 기업에 장기투자하는 고객보다 하루에도 수십 번씩 사고팔아주는 고객이 훨씬 고마운 존재다. 그리고 회사의 수익을 늘리기 위해 단기투자를 유도하고 그런 사람을 많이 만들어내야 한다. 투기를 하는 사람에게 올바른 투자를 알려주는 것은 오히려 회사의 수익에 역행하는 행동이다. 투자보다 투기를 하는 사람이 많아질수록 웃는 사람은 거래수수료를 챙겨 가는 금융회사뿐이다. 일반 투자자들이 투자의 본질을 알면 알수록, 올바른 투자자가 더욱더 늘어날수록 금융회사는 돈 벌기가 어려워진다.

투자의 본질,
청와대는 알까?

●

올바른 투자 문화가 자리 잡히지 않는 데는 국가도 책임이 있다. 국가는 올바른 투자 문화를 만들기 위해 국민들에게 투자의 본질을 알리고 제도를 정비해야 한다. 하지만 제도를 만드는 정부 담당자가 투자의 본질을 알까? 투자를 제대로 해본 적이 있을까?

경제를 총괄하는 장관들의 이력을 보면 화려하다. 하지만 그 화려한 경력의 대부분이 책상에서 만들어진 경력일 뿐이다. 경제와 투자를 현장에서 배운 게 아니라 책에서 배운 사람들이다. 실제 투자를 해보면서 수익도 보고 날려도 보면서 경험적으로 체득한 것이 아니므로 투자의 본질을 제대로 깨닫기 어렵다. 따라서 투자 정책의 대부분이 당장 급한 불을 끄는 땜빵식 단기 처방일 뿐, 근본적인 문제를 해결하는 장기적인 정책을 찾아보기 힘든 것이다.

올바른 투자 문화가 자리 잡지 못하는 또 하나의 원인은 투자 교육의 부재다. 우리나라 학교 교육을 보면, 돈이 주인인 자본주의 사회에 살아야 할 학생들에게 돈의 진짜 속성에 대해 단 1시간도 교육하지 않는다. 영어, 수학, 과학 같은 과목은 12년간 가르치지만 경제와 돈에 대해 제대로 교육하는 시간은 거의 없다.

국·영·수를 잘하면 좋은 직장에 들어갈 수 있다. 하지만 그래봤자 열심히 노동해서 돈 버는 것이다. 자본주의 사회는 열심히 노동해서 돈 버는 것보다 돈으로 돈을 벌기가 더 쉬운 세상이다. 공부를 잘해서 돈을 벌 수는 있겠지만, 돈에 대해 모르면 그렇게 열심히 번 돈을 한순간에 날릴 수도 있다.

선진국의 교육 프로그램처럼 우리나라도 더 늦기 전에 학생들에게 돈에 대해 가르쳐야 한다. 돈은 증오하거나 경계해야 할 대상이 아니라 잘 이해하고 활용해야 할 대상이라고 말이다.

상황이 이렇다 보니 지금 대한민국의 투자시장에서 투자의 본질을 중시하는 올바른 투자 문화는 찾아보기 힘들다. 투자의 본질이 무엇인지 제대로 배운 적 없이 본인도 모르게 투기꾼이 되어버린 개미투자자, 그리고 투자의 본질을 알지만 회사의 수익을 올리기 위해 눈을 질끈 감고 투기를 조장하는 금융회사, 성실하게 노력만 하면 개천에서 용이 될 수 있다는 수십 년 전 구닥다리 생각을 고집하는 정부, 이 3자가 짬뽕이 되어 투자시장을 투기시장으로 만들고 있다.

투자에 대해 배워야 한다. 국가나 금융회사가 알려주지 않으면 스스로라도 찾아서 배워야 한다. 초저금리 시대가 도래하고 투자의 중요성이 커지면서 올바른 투자 교육이 그 어느 때보다 절실해지고 있다. 이것이 필자가 이 책을 쓴 이유다.

부동산은 안전하고
주식은 더 안전하다

‘주식은 위험하다.’

‘주변에 주식으로 성공한 사람이 없다.’

‘주식은 패가망신하는 지름길이다.’

대부분의 사람들이 가지고 있는 주식 투자에 대한 생각이다. 주변에서 이런 이야기를 듣다 보면 주식 투자에 대해 긍정적으로 생각하기 쉽지 않다. 더 큰 문제는 부모들이 이런 생각을 가지고 있기 때문에 부모의 관점이 자연스럽게 자녀에게 전달된다는 것이다. 이로 인해 사회생활을 시작하려는 젊은이들 중에 주식에 투자해보겠다는 사람은 거의 없다.

하지만 주식이 위험하다는 생각은 실제와는 다르다. 주식을 잘 못해서 위험한 것이지 주식 투자를 제대로 하면 거의, 아니 전혀 위험하지 않다. 주식 투자에 실패한 대부분의 원인이 투자자에게 있는데도 불구하고 주식 투자 자체가 위험하다고 잘못을 떠넘기고 있을 뿐이다.

이것은 마치 자동차 사고가 났다고 해서 자동차가 위험하다고 하는 것과 같다. 자동차 사고의 대부분은 부주의하게 운전한 운전 자의 잘못인데, 자동차가 위험하다며 자동차를 절대로 타지 말라 고 하는 것과 같다. 자동차 사고를 줄이는 방법은 자동차를 타지 않는 게 아니라, 운전자의 습관을 바꾸거나 운전을 더 조심스럽게 하는 것이 문제 해결의 핵심이다.

주식 투자,
실제로 얼마나 위험할까?

직장인 대부분이 매달 일정한 금액을 적금에 붓는다. 매달 일정한 금액을 주식에 투자해도 되지만 주식 투자로 돈을 모으는 사람은 찾기 어렵다. 위험하다고 느끼기 때문이다. 매달 일정한 금액을 주 식에 투자하면 정말 그렇게 위험할까?

막연히 불안해하지 말고 실제로 얼마나 위험한지 한번 계산해보자. 매달 100만 원씩 1년간 1,200만 원을 주식에 투자했다고 가정하고 다음 두 가지 경우를 비교해보자.

①1년 후에 주가가 20% 하락한 경우
②1년 후에 주가가 20% 상승한 경우

주가가 1년간 20% 정도 등락한다면 실제로는 적지 않은 변동 폭이다. 연초에 1만 원이던 주가가 1년 후에 20% 하락해 8천 원이 되었다면 투자잔액은 얼마일까? 원금 1,200만 원의 20%인 240만 원 손실이 났을까? 그렇지 않다. 1년을 잘 가다가 마지막 달에 20%가 한 번에 빠진 경우가 아니라면 일반적으로 1년에 걸쳐 주가가 서서히 하락한다. 따라서 첫 달에 납입한 100만 원은 20% 손실이 발생했지만 마지막 달에 납입한 100만 원은 거의 손실이 없다. 따라서 실제 손실은 10% 내외가 된다. 1,200만 원에서 120만 원의 손실이 났다면 어떨까? 마음이 좋지는 않다. 하지만 월 100만 원씩 저축하는 사람에게 120만 원의 손실이 아주 큰 위험은 아닐 수 있다.

②의 경우를 보자. 연초에 1만 원이던 주가가 1년 후에 20% 상승해 1만 2천 원이 되었다. 그렇다면 매월 100만 원씩 투자한 사람의 통장 잔고는 얼마가 되었을까? ①과 마찬가지로 한순간에 주

가가 오르기는 어렵고 1년간 꾸준히 상승했다고 가정한다면, 실제 통장 잔고는 10% 정도 수익을 더한 약 1,320만 원이 되어 있을 것이다. 월 100만 원씩 1년간 1,200만 원을 저축했는데 연말에는 1,320만 원이 되었다.

생각보다 큰 수익이 나지도 않았다. 처음 주식 투자를 시작할 때는 엄청난 고민 끝에 큰맘 먹고 시작했고, 수익이 나면서 연말쯤 되면 돈이 2배는 불어나 있을 줄 알았다. 그런데 정작 수익을 보니 은행이자보다 조금 더 많이 번 수준일 뿐 그다지 많지도 않다.

①, ② 두 가지 경우에서 발견한 사실이 있다. 매달 꾸준히 적립식으로 투자하는 사람에게는 주식 투자가 그렇게 위험하거나 대박이 되지도 않는다는 점이다.

"큰 수익이 나지도 않는데 뭐하러 주식 투자를 하나?"

이렇게 반문하는 사람도 있을 것이다. 하지만 큰 수익을 기대하다 보면 결국 큰 위험으로 돌아오게 된다. 꾸준한 투자를 통해 작은 수익을 쌓아가다 보면 후에 많은 수익이 생길 수 있지만 단기간에 큰 수익을 바라면 위험이 커져 실패할 가능성이 높아진다. 따라서 단기 수익에 대한 욕심을 버리고 가능한 한 우량주식에 장기투자한다면 손실 위험은 더더욱 감소하는 반면 수익의 가능성은 더더욱 커진다.

부동산 투자의 목적은 '거주',
주식 투자의 목적은 '배당'

●

많은 사람이 주식은 위험하다고 생각하는 반면 부동산은 안전하다고 생각한다. 왜 그럴까? 부동산이 상대적으로 안전하다고 생각하는 이유는 부동산 가격이 꾸준히 상승해오기도 했지만 근본적으로 부동산 구매의 일차적인 목적이 '거주'이기 때문이다. 부동산은 투자해서 가격이 오르면 당연히 좋고, 가격이 오르지 않아도 '거주'라는 최후의 보루가 있다. 원래부터 '수익'이 목적이 아니라 '거주'가 목적이었고, 거주하다 보니 마음이 편해졌고, 마음 편히 보유하고 있다 보니 자연스레 수익이 발생한 것이다.

반면에 주식이 위험하다고 생각하는 근본적인 이유는 '수익'이 일차적인 목적이기 때문이다. 수익이 목적인데 수익이 나지 않으니 불안하고, 불안한 마음이 계속되니 마음 편히 보유할 수가 없다. 그래서 사고팔기를 반복하고 그런 사람이 많아지니 주가가 흔들릴 수밖에 없다.

주식도 생각을 바꾸면 달라진다. 주식 보유의 일차 목적을 '수익'에 두지 말고 '주주'가 되는 데 두면 된다. 우량한 회사의 주주가 되어 '배당'을 받는 것을 첫 번째 목적으로 하면 주가가 오르든 말든 관계없이 꾸준히 투자할 수 있다. 그런 사람이 많아지면 주가는 자연스레 오르고 주식이 위험하다는 생각도 줄어들 것이다.

올바른 투자는
위험하지 않다

●

대부분의 사람들은 주식 투자가 마치 절대 넘지 말아야 할 선을 넘는 것이라고 생각한다. 그리고 꽤 오랜 시간 엄청나게 고민한 끝에 투자를 시작한다. 막상 시작하더라도 투자하는 내내 불안한 마음이 끊이질 않는다.

실제 위험의 크기를 계산해보고 본인이 감당할 수 있는 범위 내에서 투자한다면 주식 투자의 위험은 그리 두려운 수준은 아니다. 그리고 단기적인 수익을 좇기보다 눈높이를 낮추고 장기적인 관점에서 배당을 목적으로 투자한다면 더더욱 안정적인 투자를 할 수 있다.

자동차는 편리하고 안전하게 이동하기 위한 수단이다. 자동차를 운전하면서 안전벨트를 매고 규정 속도를 지키며 안전하게 운전하면 큰 사고 없이 목적지에 도착할 수 있다. 하지만 불필요하게 과속을 하고 수시로 차선을 변경하면서 운전하면 위험할 수밖에 없다. 위험한 방법으로 투자하니까 위험한 것이지, 좋은 주식에 올바르게 투자하면 큰 위험은 없다고 해도 과언이 아니다. 투자가 위험한 게 아니라 위험이 존재할 뿐이다. 그 위험을 어떻게 조절하고 어떻게 피해 가느냐에 따라 투자의 결과는 180도 달라진다.

원금 보장이 만들어낸 괴물,
파생상품

위험이 잘 관리된다 하더라도 위험 자체를 좋아하는 사람은 드물다. 그래서 사람들은 돈을 불리려는 욕심보다 돈을 지키려는 의지가 더 강하다. 금융상품에 가입하면서도 제일 중요하게 여기는 조건이 원금 보장이다. 하지만 지금 같은 초저금리 시대에 원금 보장을 원한다면 이자가 거의 없는 은행 예적금에 가입하는 방법밖에는 없다.

만약 은행 이자보다 높은 수익을 원한다면 위험을 감수하더라도 투자를 해야 한다. 투자는 수익이 생길 수도 있지만 반대로 손실이 발생할 수도 있다. 따라서 투자자는 안전과 위험 중에 하나를 선택을 해야 한다. 은행에서 원금 보장을 받고 있으면서 이자가 낮다고 불평한다거나, 투자를 하고 있으면서 손실이 생길까 봐 불안해 할 필요가 없다.

그런데 사람의 마음이 또 그렇지 않다. 원금도 보장받고 싶고, 수익도 많이 내고 싶다. 예전에 금리가 높았던 시절에는 은행에서 이 모든 것을 충족할 수 있었다. 안전하면서 금리도 높았으니까. 하지만 초저금리 시대가 10여 년간 지속되고 급기야 1% 이하로 떨어지면서 은행에 자산을 묶어둔 사람들은 불안해지기 시작했다.

"1억을 맡겨도 한 달에 이자가 10만 원이 안 되네. 이자로 살기는 힘들어졌고, 투자를 하자니 손실이 두렵고, 뭔가 더 좋은 대안이 없을까?"

"원금도 보장되면서 수익도 많이 나는 상품을 추천해주세요!"

고객들의 이런 요구가 늘어나다 보니 모든 자산운용사들은 '어떻게 하면 위험을 줄이면서 더 많은 수익을 올릴 수 있을까'를 연구하는 것이 숙제가 되어버렸다. 간혹 자산운용사 대표들의 인터뷰를 보면 '절대수익 추구'라는 단어를 쓰곤 한다. 어떠한 경우에도 손실 없이 수익이 나는 상품을 만들어보겠다고 연구하는 것이다. 과연 가능할까?

투자라는 개념 자체가 위험을 내포하고 있다. 따라서 투자자산이 보유한 원초적인 위험을 없애는 일은 불가능하다. 다만 투자자산을 변형하는 과정을 통해 위험을 최소화할 수는 있다. 이 과정에서 만들어진 상품이 바로 파생상품이다. (이 책에서는 파생의 뜻을 넓은 의미로 해석해 기초자산에 연계해 만들어진 모든 상품으로 간주한다.)

금융꽈배기,
파생상품

●

파생상품이 뭘까? 단어 그대로 기초자산에서 파생된 상품, 더 쉽게 말해서 여러 번 꼬아놓은 상품이다. 기초자산이란, 주식 투자에서는 기업의 주식 그 자체이고, 부동산 투자에서는 부동산 그 자체다. 기초자산을 직접 거래하는 것을 직접투자라고 한다.

대한민국에서 부동산 투자는 대부분 직접투자다. 개인이 직접 부동산을 사고판다. 하지만 주식은 직접투자를 꺼린다. 주식 투자는 위험하다고 생각하기 때문에 주식을 직접투자하는 경우보다 펀드 등을 통해 간접투자하는 경우가 더 많다. 직접투자는 위험하고 펀드는 덜 위험하다고 생각하는 듯하다. 그런데 간접투자를 통해 여러 종목을 분산투자함으로써 위험을 줄일 수는 있지만, 간접투자 역시 주식을 대신 사주는 방식일 뿐이므로 위험 자체가 줄어들지는 않는다.

이런 단점을 최대한 보완하고자 만들어낸 상품이 바로 파생상

| ELS 상품설명서의 일부 |

I. 상품의 개요

상품종류	~~Total Structured Choice~~
위험등급	고위험
고객투자성향	고위험투자형
기초자산	KOSPI200
판매예정한도	100억원 (예정)
최저가입금액	100만원 이상, 1만원 단위
청약기간	2020년 11월 20일(금) ~ 2020년 11월 30일(월)
만기일(예정)	2023년 11월 30일(목)

■ 상환조건 및 손익구조

구분	상환조건	손익구조 (세전)
자동조기상환	각 중간기준가격 결정일에 기초자산의 종가가 행사가격 이상인 경우	연 4.5% 수준
만기상환	기초자산의 최종기준가격이 최초기준가격의 75% 이상인 경우	13.5% (연 4.5% 수준)
	기초자산의 종가가 최초기준가격의 59% 미만인 적이 없는 경우	13.5% (연 4.5% 수준)
	기초자산의 종가가 최초기준가격의 59% 미만인 적이 있으며, 기초자산의 최종기준가격이 최초기준가격의 75% 미만인 경우	-100% ~ -25%

품이다. 파생상품은 기초자산을 다양한 조합으로 변형시켜서 일정 조건하에서 위험을 없앨 수 있다. 예를 들어 ELS(Equity Linked Security)라는 상품을 보자.

상품설명서에 보이는 ELS 상품은 코스피(KOSPI)200이라는 자산을 가지고 만든 파생상품이다. 코스피200은 우리나라 주식시장에 상장된 기업 중 상위 200개 기업의 주가를 가중평균해서 만든 지수다. 상품의 구조를 보면 코스피200 지수가 최초 가입 시점의 지수에 비해 3년 내에 40% 밑으로 떨어지지 않으면 연 4.5%의 수익을 지급하는 구조다. 만약 투자자가 ELS에 가입하지 않고 코스피200 지수에 연동된 펀드를 직접 가입했다면 매일 주가가 변동하면서 투자자의 자산도 변동할 것이다. 하지만 ELS 상품은 주가가 아무리 변동해도 40% 밑으로 떨어지지만 않으면 수익률은 연

4.5%로 확정된다. 일정한 조건만 맞으면 위험을 없애고 수익을 확정하도록 만든 형태다.

그런데 만약 파생상품에서 만든 조건이 달성되지 못하면 어떻게 될까? 앞의 상품을 보자. 만약 코스피200 지수가 40% 밑으로 한 번이라도 떨어진다면 손실이 확정된다. 가능성이 높지는 않지만 만약에 발생한다면 생각보다 큰 손실을 보게 된다. 적어도 −25%이고 최대 손실은 −100%, 전액 원금 손실이 가능하다. 이것이 파생상품의 특징이다.

결론적으로 보면 기초자산에 변형을 거쳐 위험을 없앨 수는 있지만 일정한 조건하에서 가능하고, 만약 그 조건이 달성되지 않으면 더 큰 손실이 발생할 수 있다. 다시 말해 일정한 조건하에서 수익을 지급하는 상품일 뿐, 어떤 경우에도 원금을 보장하는 상품은 아니다. 오히려 더 큰 위험을 안고 있는 상품이기도 하다.

이러한 위험을 알면서 파생상품에 가입한다면 문제는 없다. 그러나 사람들이 파생상품에 가입하는 과정을 보면, 처음부터 투자 위험을 제대로 인지하고 가입하는 경우는 거의 없다. 대부분 원금 보장 상품을 찾다가 파생상품을 접하는 경우가 많다.

"은행 이자가 너무 낮은데, 안전하면서도 수익이 나는 상품은 없을까?" 이런 질문을 하는 사람들에게 일정한 조건에서 수익이 보장되는 파생상품은 매력적으로 다가온다. 물론 처음에는 의심하지만 결국 걱정 반 기대 반으로 한번 해보자는 심리가 소액자금을 가입하게 한다. 몇 번 성공하면서 은행금리 대비 짭짤한 수익을 받아 보면 파생상품을 신뢰하면서 가입금액을 키워간다. 그러다 예상 치 못했던 위기가 찾아오면 훨씬 큰 손실을 입는다.

ELS를 가입해서 매년 5%의 수익을 열 번 달성했다고 가정하자. 고정적인 금액으로 투자했더니 10년간 50%의 수익이 발생했다. 하지만 열한 번째 투자에서 재수 없게(?) 50% 손실이 발생한다면 결국 10년간 얻은 수익이 날아가는 것이다. 파생상품 투자자들이 종종 경험하는 결말이다.

2019년에 발생한 DLS/DLF 사태를 보면, 은행에서 원금 손실 걱정이 없다며 판매한 상품이 단 6개월 만에 원금 100% 손실로 돌아왔다. 그 상품에 몰린 자금은 1조 원으로, 단 6개월 만에 서민들의 쌈짓돈 1조 원이 날아간 것이다. 이것이 파생상품의 위험이다.

만든 사람도 파는 사람도 모르는
복잡한 구조

●

파생상품의 위험성에도 불구하고 앞으로 파생상품은 더 많이 늘어날 것이다. 파생상품의 진화가 금융시장의 성장에 도움이 될지는 모르겠다. 다만 더 큰 문제는 파생상품이 진화하면서 구조가 점점 더 복잡해진다는 점이다. 파생상품이 복잡해진다는 말은 그 상품을 만든 사람이 아니면 상품 구조를 제대로 이해하기 어려워진다는 뜻이다. 파생상품을 파는 사람도 어려워하니 가입하는 사람도 제대로 알고 가입하기 어렵다. 더군다나 상품을 복잡하게 만들다 보면 어느 순간에는 상품을 만든 사람도 예상하지 못한 상황이 발생할 가능성이 높아진다.

실제로 2019년에 발생했던 DLS/DLF 손실 사태를 보면, 은행에서 고객에게 상품을 판매한 담당자들이 그 상품의 내용을 정확히 몰랐던 경우가 많았다. 내용도 잘 모르는 상품을 타인에게 판매하는 위험천만한 상황. 지금 이 순간에도 수많은 파생상품이 금융을 잘 모르는 일반인에게 판매되고 있다. 너도 모르고, 나도 모르니, 그냥 운에 맡기는 꼴이다. "원금을 지키면서 수익은 많이 나게 해주세요."라는 말은 "되도록 많이 꼬아주세요."라는 말과 같은 뜻이다. 결국 고객 스스로 자기 무덤을 파는 셈이다. 원금 보장에 대한 지나친 욕구가 결국 더 위험한 금융상품을 만들어 낸다.

수익률만 좇는 사람들, 위험은 전혀 감수하지 않은 채 이익만 보겠다는 사람들, 투자시장에 이런 사람들이 계속 유입되는 한 파생상품은 더 진화할 것이고, 그 안에 숨겨진 위험은 점점 커지면서 언젠가 엄청난 폭탄이 되어 돌아올 것이 뻔하다.

성공적인 투자에 관한
세 가지 진실

이제부터 원숭이 이야기를 들어 성공적인 투자란 어떤 특징을 지니고 있는지 살펴보겠다. 다음에 나올 그림을 보자. 바나나가 매달려 있고 그 밑에 지렛대가 놓여 있다. 지렛대 왼쪽 낮은 곳에는 원숭이 10마리가 모여서 바나나를 따 먹으려고 열심히 노력 중이다. 그런데 원숭이들이 먹고 싶어 하는 바나나는 너무 높은 곳에 매달려 있어서 아무리 뛰어봐도 딸 수가 없다. 그러니 모두가 한숨만 지으며 높은 곳에 매달려 있는 바나나를 안타까운 눈으로 바라보고만 있었다.

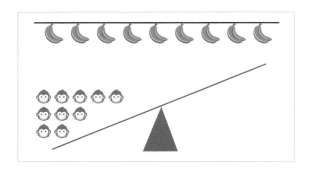

　그런데 원숭이 무리 중에 머리가 정말 좋은 '똘똘이'라는 원숭이
가 한 마리 있었다. 똘똘이는 한참을 연구한 끝에 한 가지 방법을
생각해냈고, 다른 원숭이들을 불러 모아서 이야기했다.

　"내가 열심히 연구해서 바나나를 먹을 수 있는 좋은 방법을 알아
냈어!"

　"그 방법이 뭔데?"

　"지렛대를 따라 오른쪽 반대편으로 올라가면 바나나를 따 먹을
수 있을 거야."

　하지만 이 이야기를 들은 나머지 9마리의 원숭이들은 그 의견에
동의하지 못한다.

　"그쪽은 오르막길이라 힘들어."

　"아무도 안 가본 길이잖아. 위험할지도 몰라."

　이렇게 부정적인 반응을 보이며 함께 가기를 거부한다. 똘똘이
역시 이제껏 아무도 시도해보지 않은 방법이라 두렵기는 했지만

연구 결과를 믿고 도전해보기로 한다.

"그렇다면 너희는 여기 있어봐. 나 혼자 갔다 올게!"

그러고는 지렛대를 따라 오른쪽으로 이동하기 시작한다. 나머지 원숭이들은 무서워 선뜻 따라나서지는 못하고, 그저 똘똘이가 성공할 수 있을지 지켜보기만 한다.

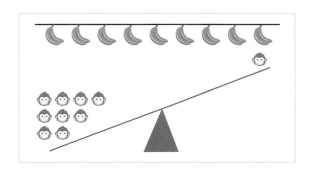

지렛대를 따라 오르는 과정이 쉽지는 않았지만 똘똘이 원숭이는 마침내 반대편 위쪽에 도달했다. 그곳에 가보니 바나나가 손이 닿는 곳에 달려 있는 게 아닌가! 똘똘이는 손쉽게 바나나를 따서 맛있게 먹을 수 있었다.

그러자 반대편 아래쪽에서 노심초사 똘똘이의 성공 여부를 지켜보던 나머지 원숭이들이 들썩이기 시작한다.

"우와, 똘똘이가 성공했어. 저쪽으로 가면 바나나를 먹을 수 있구나. 저 방법이 최고야!" 이렇게 외치며 나머지 원숭이들이 너도나도 할 것 없이 우르르 지렛대를 따라 반대편으로 몰려가기 시작한다.

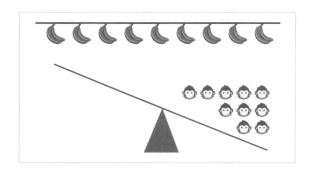

　　그런데 이게 웬일인가? 원숭이들이 모두 반대편으로 움직이면서 무게중심이 변하자 지렛대가 점점 반대 방향으로 기울어지는 것이 아닌가! 결국 원숭이들이 몰려간 오른쪽 지렛대가 내려가서 아무도 바나나를 먹을 수 없는 상황이 되어버렸다. 결과적으로 처음 위험을 무릅쓰고 도전한 똘똘이를 제외한 나머지 원숭이들은 아무도 바나나를 먹을 수 없었다.

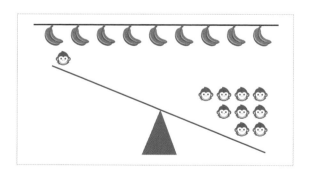

　　그런데 원숭이 9마리가 다 따라간 줄 알았는데 알고 보니 한 마리가 남아 있었다. 바로 잠이 많기로 소문난 '꾸준이'라는 원숭이였

다. 꾸준이는 이렇게 한바탕 소동이 벌어지는 와중에 한쪽 구석에서 아무것도 모른 채 꾸벅꾸벅 졸고 있었다. 한창 자고 있는데 갑자기 원숭이들이 우당탕탕 달려가는 소리가 나더니 잠시 후에 몸이 둥둥 뜨는 느낌이 들었다. 뭔가 이상해 눈을 떴는데 이게 웬 횡재람! 눈앞에 바나나 열매가 한아름 열려 있는 것이 아닌가. 그렇게 잠만 자다가 한곳에 가만히 있었던 꾸준이는 얼떨결에 맛있는 바나나를 먹을 수 있었다.

이 우화를 이해했다면, 이제 우화를 통해 얻을 수 있는 투자에 관한 세 가지 진실을 살펴보자.

성공하려면 앞서가거나 꾸준하거나

●

첫 번째 진실, 성공하려면 먼저 앞서가거나 아니면 묵묵히 자리를 지켜라. 투자에 성공하는 사람들은 두 가지 유형으로 나뉜다. 첫 번째 유형은 똑똑이가 되는 것이다. 남보다 더 열심히 공부하고 노력해서 앞서가는 사람이다. 그러나 이 방법은 엄청난 노력과 도전정신이 필요하므로 누구나 할 수 있는 일은 아니다. 또한 그렇게 한다고 다 성공할 수 있는 것도 아니고 시장을 개척하는 과정에서 수많은 위험과 실패를 감수해야 한다.

두 번째 유형은 꾸준이가 되는 것이다. 이 유형은 세상의 유행을 따라가지 않고 묵묵히 자리를 지키며 때가 오기를 기다린다. 누가 앞서 나가든, 남들이 좋다고 하든 신경 쓰지 않고 자기만의 원칙과 기본을 지킨다. 그러다 보면 언젠가는 기회가 오고 그 기회를 잡을 수 있게 된다.

결국 투자에 성공하는 사람은 먼저 앞서가는 사람이거나 아니면 꾸준한 사람이다. 똘똘이와 꾸준이 중에 누가 더 힘들까? 상식적으로 보면 똘똘이는 엄청난 노력이 필요하므로 똘똘이가 더 힘들 거라 생각한다. 한자리에 가만히 있는 꾸준이처럼 되기는 쉬울 것이라 여긴다. 하지만 그렇지 않다. 쏟아지는 정보 속에서 한자리를 지키기가 더 힘들다. 투자시장에서도 열심히 공부해 투자에 성공한 사람을 가끔씩 찾아볼 수 있지만 수십 년간 장기투자를 해서 성공한 사람은 거의 찾아볼 수 없다. 그렇다면 똘똘이나 꾸준이가 되지 못하고 유행을 따라다니면 어떻게 될까?

나의 실패는 남들을
부자로 만든다

●

두 번째 진실, 유행을 따라다니면 결국 남들을 부자로 만들어줄 뿐이다. 앞선 우화에서, 똘똘이가 바나나를 먹는 모습을 확인하고 뒤늦게 따라간 원숭이들은 지렛대가 기우는 바람에 바나나를 먹지 못했다. 유행을 따라다녔기 때문에 오히려 성공하지 못한 것이다. 이처럼 유행에 따라 이리저리 몰려다니며 뒷북만 치는 사람들을 '군중(crowd)'이라 한다.

군중의 사전적 정의를 보면, '공통된 규범이나 조직성 없이 우연히 조직된 인간의 일시적 집합'이라고 설명하고 있다. 아무 규칙도 기준도 없이 그저 남들이 가는 방향에 몸을 맡기는 사람들이다. 이렇게 군중에 속하면 아무런 이익도 얻을 수 없다.

그렇다면 유행을 따라다니는 군중은 세상에서 쓸모 없는 사람들일까? 물론 아주 중요한 사람들이다. 세상을 움직이는 데 매우 중요한 역할을 한다.

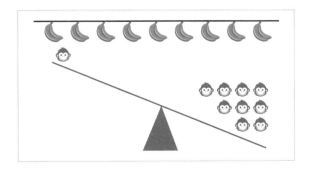

그림을 다시 보자. 군중이 무리 지어 이리저리 오가며 지렛대를 움직여서 똘똘이와 꾸준이를 높이 띄워주고, 바나나를 잘 먹을 수 있도록 지렛대를 지탱해주고 있다.

이 얼마나 어처구니없는 상황인가! 단순히 바나나만 못 먹은 줄 알았는데 똘똘이와 꾸준이가 바나나를 따 먹을 수 있도록 도와주고 있었다. 자기 이익을 못 챙기는 건 물론이고, 설상가상 자기 돈을 남의 지갑에 갖다 바치는 일까지 열심히 해주었다. 투자로 보자면, 유행성 정보를 쫓아다니며 뒷북만 치다가 매번 실패하기 십상이고, 자기가 날린 돈으로 누군가를 더 큰 부자로 만들어주는 상황이다.

명심해라. 유행을 따라다니면 결국 실패한다. 나의 실패가 똘똘이와 꾸준이를 더 부자로 만들어줄 뿐이다.

나의 성공은 남들이
도와준 것이다

●

세 번째 진실, 똘똘이와 꾸준이가 성공한 이유는 군중이 도와줬기 때문이다. 똘똘이와 꾸준이는 성공했다. 그런데 그들이 성공한 진짜 이유가 뭘까? 투자에 성공한 사람들 대부분이 착각하는 사실이 있다. '내가 종목을 잘 골라서' '내가 타이밍을 잘 맞춰서' '내가 그동안 주식공부를 많이 해서' 등등 본인이 실력이 좋아서라고 생각하는 것이다. 잘못된 생각이다.

그림을 자세히 보면, 똘똘이와 꾸준이가 바나나를 먹을 수 있는 이유는 군중이 반대편에서 지렛대를 눌러주었기 때문이다. 본인이 잘해서 이룬 것이 아니라 남들이 도와준 덕분이다. 그 군중이 반대편으로 이동하면 지렛대가 내려앉게 되어 또다시 바나나를 먹을 수 없게 된다.

세상에는 성공해서 박수를 받는 사람이 있다. 박수를 받는 사람은 본인이 잘했기 때문이라고 생각하기 쉽다. 하지만 박수를 받는 이유는 박수를 쳐주는 사람들이 있기 때문이다. 그들이 있기에 박수를 받는다는 사실을 깨달아야 한다. 자기가 잘났다고 생각하는 순간 자만해지기 마련이고, 자만하면 다음에는 실패할 가능성이 커진다.

투자도 마찬가지다. 내가 잘해서 성공한 듯 보이지만 사실은 남들이 잃어주었기에 가능한 일이다. 내 실력이 좋아서라고 안주하고 있으면 얼마 못 가서 군중이 몰려올 것이고 나도 군중이 되어버린다. 투자에 성공했다고 절대로 자만하지 마라.

실패한 투자보다
성공한 투자가 더 위험하다

사실 누구나 투자에 성공하기를 바라지만 성공한 투자가 더 위험할 수도 있다. '투자에 성공했는데 뭐가 더 위험하다는 거지?' 대부분 이렇게 생각할 것이다. 물론 투자를 딱 한 번만 하고 끝낸다면 성공하는 게 무조건 좋다. 하지만 투자를 한 번만 하는 사람은 없다. 처음에는 간을 볼 셈으로 작은 돈으로 해보다가 점점 투자금액을 늘리는 경우가 대부분이다. 특히 투자를 처음 시작한 사람이 첫 투자에서 성공한다면 매우 큰 문제가 된다.

'초심자의 행운(beginner's luck)'이라는 말이 있다. 첫 투자에 성공한 것은 실력이 아니라 행운이라는 말이다. 초심자뿐만 아니라 투자를 오래 한 사람이라 할지라도 투자에 성공했다고 해서 실력이 좋다고 말하긴 어렵다. 미국 월가에서 원숭이와 투자 전문가들이 투자 수익 경쟁을 했는데 원숭이가 이겼다는 실험 결과도 있다. 오죽하면 증권사가 추천하는 내용과 반대로 투자하면 더 수익률이 좋다는 말이 있을까.

　투자 경력과 관계없이 투자에 성공했다면 실력이라기보다 운이 좋았기 때문이다. 하지만 대부분의 투자자들은 투자를 성공하면 본인의 실력이 좋기 때문이라고 착각하고, 초보자들 역시 성공한 투자자들을 따라 하면 본인도 돈을 벌수 있다고 착각한다.

계속 성공하기는
불가능하다

●

인터넷에 뜬 투자 광고를 보면 적은 돈으로 큰돈을 벌었다는 투자 성공기를 자랑하는 사람이 있다. 그러면서 본인의 강의를 들으면 똑같이 큰돈을 벌 수 있을 거라 홍보한다. 그 홍보를 들은 초보 투자자들은 그 사람의 강의를 들으면 성공할 수 있다는 생각에 투자 클럽에 가입하고 비싼 수강료를 내며 강의를 듣는다. 그런데 그렇게 성공한 사람이 정말 실력으로 성공했을까? 과연 그 강의를 들으

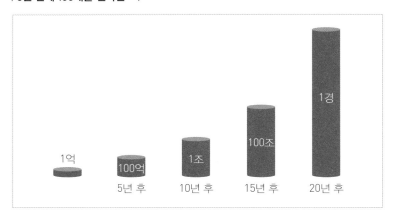

면 성공할 수 있을까?

투자에 성공했다고 홍보하는 그가 5년 만에 1억 원으로 100억 원을 벌었다고 자랑한다면 5년간 100배, 1만%의 수익을 달성한 것이다. 만약 진짜 실력이라면 그는 100억 원의 투자금으로 5년이 지난 후에 또 100배의 수익을 내서 1조 원을 만들어야 한다. 그리고 또 5년이 지나면 1조 원을 100조 원으로, 또 5년이 지나면 100조 원을 1경 원으로 만들어야 한다. 20년 만에 1경 원을 만들 수 있어야 한다. 실력이니까.

하지만 과연 가능할까? 불가능하다. 왜냐하면 1억 원을 100억 원으로 불렸을 때와 투자 환경, 시장 상황 등 모든 조건이 다르기 때문이다. 결과적으로 보면 실력으로 불린 것이라기보다 주변 환경이나 시장 상황이 받쳐주었기 때문에 가능했던 것이다.

그런데 투자에 성공한 것이 실력 때문이라고 착각하면 본인의 실력을 믿고 투자금액을 늘리게 된다. 그러다 더 큰 손실을 입기도 한다. 성공한 투자가 더 위험한 이유다. 차라리 처음부터 실패했더라면 투자를 멈추고 더 큰 손실을 방지할 수 있었을 것이다.

플레이어는 예측하고
딜러는 반복한다

●

카지노에 가면 룰렛 게임이 있다. 0부터 36까지 번호가 적힌 회전판에 구슬이 돌다가 한 숫자에 떨어지면 그 숫자에 돈을 건 사람이 돈을 따는 게임이다. 카지노 딜러가 무작위로 구슬을 회전시키기 때문에 구슬이 어느 숫자에 떨어질지는 전혀 알 수 없다. 그런데 그 게임을 하는 사람 중에 지금까지 나왔던 숫자를 다 적어놓고 그동안 나오지 않은 숫자에 돈을 거는 사람이 있다. 지금까지 안 나왔으니 이번에는 나올 거라고 판단하는 것이다. 과연 그렇게 하면 확률이 더 높아질까? 그렇지 않다. 게임을 할 때마다 확률은 매번 같다.

실제로 대부분의 카지노 게임은 확률상 딜러가 이길 확률이 51%, 게임을 하는 플레이어가 이길 확률이 49%다. 거의 반반이다. 그런데 플레이어 대부분이 돈을 잃는다. 왜 그럴까? 돈을 잃는

플레이어와 돈을 따는 딜러의 차이는 뭘까?

　답은 매우 간단하다. 플레이어는 예측하고 딜러는 반복한다. 그 차이뿐이다. 플레이어는 게임마다 무슨 카드가 나올지, 어떤 숫자가 나올지 예측하고 판단하면서 게임을 한다. 반면에 딜러는 룰에 따라 정해진 행위를 반복한다. 반복하는 것이 왜 더 유리할까? 이기든 지든 동일한 행위를 반복하면 감정에 지배당하지 않기 때문이다. 하지만 예측하기 시작하면 감정에 지배당하게 된다. 예측이 맞을 것 같으면 돈을 더 많이 걸고 예측이 빗나갈 것 같으면 베팅을 줄인다.

　주식투자도 마찬가지다. 내일 주가를 예측하는 사람은 주가가 오를 것 같으면 더 투자하고 싶어진다. 반면 주가가 떨어질 것 같으면 현재 투자한 돈도 빼고 싶어진다. 하지만 이렇게 투자해서 결론이 좋을 리 없다. 주식 투자 격언 중에 가장 유명한 말이 있다.

　"사람들은 주가가 오르면 욕심이 생겨 더 사게 되고, 주가가 하락하면 공포에 질려 팔게 된다."

　하락할 때 사서 오를 때 팔아야 수익이 생기는데 탐욕과 공포의 감정에 빠지면 정반대로 행동하게 된다.

　물론 투자금이 날려도 되는 돈이고, 주식 투자의 목적이 재미를 위한 것이라면 공부하고 예측을 해도 된다. 매일 아침 9시부터 열리는 허가된 도박장에서 하루 종일 짜릿한 스릴을 느낄 수 있고, 그러다가 진짜로 맞힌다면 그 짜릿함은 이루 말할 수 없을 것이다.

하지만 투자하는 돈이 정말 소중한 돈이라면 공부하고 예측해선 안 된다. 내일의 주가를 예측하는 일은 신에게 도전하거나 50%의 확률로 홀짝 게임을 하는 것일 뿐이다. 그런 방법보다는 우량한 주식을 정기적, 반복적으로 사는 게 모든 면에서 훨씬 더 결과가 좋을 것이다. 단기적으로는 예측하고 판단하는 투자자가 이기는 듯 보이지만 결론적으로 반복하는 투자자가 대부분의 수익을 가져가게 된다.

명심하라. 플레이어는 예측하고 딜러는 반복한다. 그리고 결국 반복하는 딜러가 이긴다.

그렇다면 다음 보기 중 가장 성공적인 투자 방법은 무엇일까?

① 시장의 변화를 따라간다.
② 시장의 변화를 앞서나간다.
③ 시장의 변화를 무시한다.

시장의 변화를 따라가기만 하면 매번 뒷북을 치게 되므로 성공이 불가능하다. 그래서 투자 전문가들은 시장의 변화를 앞서나가려고 열심히 연구하고 실력을 쌓는다. 열심히 공부한 결과 한두 번 앞서나갈 수는 있겠지만 신이 아닌 이상 매번 맞힐 수는 없다. 결국 답은 3번이다. 급변하는 시장에서 투자에 성공하는 방법은 시장을 앞서거나 따라가는 게 아니라 시장을 무시하고 원칙과 기준을 지키는 것이다. 고장난 시계도 하루에 두 번은 맞는다. 뭔가를 하려고 노력하기보다 원칙과 기준을 지키며 묵묵히 기다리면 언젠가는 성공하는 날이 온다. 이것이 성공하는 투자의 본질이다.

자, 이제 투자의 본질을 깨달았다면 지금부터 부의 진리에 가까워지는 방법을 알아보자.

투자란 미래 수익을 맞추는 것이 아니라
시행착오를 거치며
위험을 줄여가는 과정이다.

3장

부의 진리에
가까워지는
아홉 가지 투자 방법

자본주의의 진실을 깨달았는가?
금융의 진실, 투자의 본질을 깨달았는가?
왜 지금까지 항상 실패했는지 이유를 깨달았는가?
왜 지금까지 돈의 노예로 살아왔는지 깨달았는가?

자본주의 사회에서 더 이상 돈의 노예로 살기 싫다면 이제부터 돈의 주인이 되는 방법을 알아야 한다. 많은 사람이 투자를 두려워하고 어려워하지만, 실제 투자에 대해 제대로 이해하면 투자는 두려워할 대상도 어려운 대상도 아니다. 투자를 어려워하는 이유는 금융의 진실을 모른 채 잘못된 교육과 정보에 갇혀 있었기 때문이다. 더 많은 부를 소유하기 원하는 소수에 의해 지배당해왔기 때문이다.
이제부터 그동안 아무도 몰랐던, 아니 돈의 주인은 다 알고 있었지만 숨겨왔던, 진정한 투자 방법을 공개할 것이다. 더 이상 망설이지 말자. 돈의 주인이 되는 열 가지 방법을 이해하고 실천한다면 당신도 돈의 노예가 아닌 돈의 주인으로 살 수 있다.

진정한 부자는
아는 것에 투자한다

재무 상담을 하다 보면 펀드나 ELS 등 투자상품에 가입한 고객을 어렵지 않게 만날 수 있다. 투자 중인 고객에게 이런 질문을 해보곤 한다.

"혹시 가입한 투자상품의 이름을 알고 계세요?"

그러면 고객은 보통 이렇게 답한다.

"글쎄요. 잘 기억이 안 나는데요."

본인이 가입한 상품이 무엇인지 이름도 잘 모르는 경우가 대부분이다. 일부는 가입한 펀드명을 대략적으로 알고 있는 경우도 있다.

"네비게이터 펀드, 글로벌멀티인컴펀드, 샐러리맨펀드요."

펀드명을 알고 있는 고객에게 다시 질문한다.

"혹시 그 펀드가 어디에 투자하고 있는지 아시나요?"

그러면 그 고객은 또 이렇게 답한다.

"글쎄요. 그냥 앞으로 유망한 펀드라고 하던데요."

우리나라 투자자 대부분이 본인이 투자하는 종목이나 펀드에 대해 잘 알지 못한다. 가르쳐주는 사람도 없고 제대로 물어보지도 않는다. 그저 좋다는 말, 좋을 것 같다는 말만 듣고 투자를 시작한다. 그러고는 수시로 통장 잔액을 확인하며 수익이 나면 좋아하고 손실이 나면 불안해할 뿐이다. 투자나 종목에 대해 잘 몰라도 돈을 벌 수는 있다. 하지만 이렇게 깜깜이 투자를 하면 수익이 나도 문제, 손실이 나도 문제다.

원인을 모르면
또다시 실패한다

●

모르는 종목이나 펀드에 투자하면 어떤 문제가 생길까? 투자를 하다 보면 때에 따라서 수익이 나기도 하고 손실이 나기도 한다. 그런데 어떤 펀드인지, 어떤 종목에 투자하는지 모르기 때문에 수익이 생겨도 왜 수익이 났는지, 손실이 발생해도 왜 손실이 났는지 알 수가 없다.

학생이 수학 문제를 잘못 풀어서 답이 틀렸다고 해보자. 틀렸는데 왜 틀렸는지 모르면 문제를 해결할 수 없다. 왜 틀렸는지 모른 채 다시 시험을 본다면 또다시 틀릴 수밖에 없다. 답이 맞아도 문제다. 답이 맞았는데 정말 맞게 풀었는지, 아니면 우연히 잘 찍은 건지 알 수 없다면 다음번 시험에 그 문제를 또 맞힌다고 장담할 수 없다. 틀렸든 맞았든 그 이유를 알아야 다음에 더 좋은 결과를 낼 수 있다. 하지만 이유를 모르니 매번 시험을 봐도 개선될 리 만무하다.

펀드나 종목을 모르고 하는 투자의 가장 큰 문제는 바로 수익이 났건 손실이 났건 그 원인을 알 수 없다는 점이다. 원인을 찾았다 해도 잘못된 원인을 찾는다는 점이다. 잘못된 종목 선정이 원인인데 타이밍 탓을 하고 있다거나, 투자자 본인의 투자 방법이 문제인데 시장 환경 탓을 하고 있다면 번지수를 잘못 찾은 것이다. 결과는 있는데 과정을 모르고, 실패를 했는데 개선되는 점은 없다. 결국 평생 시행착오만 반복할 뿐이다.

반면에 자신이 투자한 종목과 펀드에 대해 어느 정도 알고 있다면 수익이 난 이유, 손실이 발생한 이유를 어느 정도 파악할 수 있다. 그렇게 원인과 결과를 안다면 시행착오를 다시 반복하지 않을 수 있다.

투자에 실패했다면 왜 실패했는지, 성공했다면 왜 성공했는지 알아야 한다. 판단하기 어렵다면 투자하지 않는 것이 차라리 낫다. 모르는 데 투자하면 결과가 어떻든 어차피 원인을 알기 어렵고, 잘 못된 원인을 찾는다면 지금 성공했더라도 언젠가는 더 크게 실패할지 모르기 때문이다.

"내가 꼭 알아야 하나요?"

"그런 건 전문가들이 대신 해주는 거 아닌가요?"

일반인은 투자를 하면서도 종목이나 펀드에 대해 잘 모르기 때문에 금융회사 직원으로부터 투자할 만한 종목이나 펀드를 추천받는다. 그런데 여기서 우리가 명확히 알아야 할 사실이 있다. 과연 금융회사 직원들은 본인이 추천하는 종목이나 펀드에 대해서 잘 알고 있을까?

고객은 모른다,
금융회사 직원은 더 모른다

●

현재 우리나라에 존재하는 펀드는 만 개가 넘는다. 그리고 한 달에도 수십 개의 펀드가 출시되고 있다. 네비게이터펀드, 마라톤펀드, 글로벌펀드, 멀티인컴펀드, 4차산업혁명펀드, 2차전지펀드, TDF펀드, 샐러리맨펀드, 시니어펀드 등등 이름도 어렵고 투자 목적도 불분명한 경우가 많다. 따라서 펀드 전문가조차 그 많은 펀드를 다

알기는 불가능하다.

또한 펀드는 한두 종목에 집중투자하는 상품이 아니라 펀드가 추구하는 산업이나 목적에 맞춰 수십 개의 종목에 분산투자한다. 따라서 펀드명을 듣고 유추할 수 있을 뿐, 펀드를 만든 사람을 제외하고는 펀드가 어떻게 투자되고 있는지 제대로 알 수 없다. 정말 황당한 사실은, 일반인이 펀드에 대해 잘 모르기 때문에 금융회사 직원들에게 펀드를 추천받지만 사실상 펀드를 추천하는 금융회사 직원들조차 펀드를 잘 모른다는 사실이다.

주식시장도 마찬가지다. 코스피(KOSPI)에 상장된 회사만 해도 1천여 개가 넘는다. 그나마 시가총액 상위를 차지하고 있는 대기업들은 이름이라도 들어봤지만 조금만 밑으로 가면 듣도 보도 못했던 회사들이 많다.

주식 종목을 분석하는 전문가조차 본인이 분석하는 소수 종목에 대해서만 알고, 나머지 종목들은 대체로 모른다. 사실상 대부분의 종목을 뉴스와 느낌으로 판단하고 분석한다. 결국 대한민국 투자시장에서 발생하는 대다수의 투자가 정확한 정보도 지식도 없이 투자하는 '묻지마 투자'인 셈이다. 금융 전문가도 잘 모른다면 더 모르는 우리는 도대체 어디에 투자하라는 걸까? 걱정 마라. 9시 뉴스만 잘 봐도 된다.

정보를 쉽게 얻을 수
있는 것에 투자하라

●

대부분의 투자자들이 투자 대상을 선정하면서 지식과 정보가 부족하다고 느낀다. 그리고 투자에 성공하려면 좋은 정보가 많이 필요하다고 생각한다. 과연 좋은 정보를 많이 얻으면 투자에 성공할까?

그렇지 않다. 지식이나 정보를 더 많이 가진 사람이 성공한다면 증권회사에 다니는 사람은 모두 다 큰돈을 벌었을 것이다. 실제 결과는 그렇지 않다. 증권회사 직원들은 투자로 돈을 번 사람들이 아니라 고객이 낸 거래수수료를 통해 월급을 받는 샐러리맨에 불과하다.

설령 정보를 얻었다 하더라도 그 정보가 맞는지 틀린지도 불명확하고, 이미 때늦은 정보일 수도 있다. 정보를 얻어 한두 번 성공할 수도 있지만 계속 좋은 정보를 얻기란 더더욱 어렵다. 그렇다면 어떻게 해야 할까? 걱정할 필요 없다. 어려운 정보를 찾으려 하니까 어려울 뿐이다. 굳이 어려운 정보를 찾으려 하지 말고 정보를 쉽게 얻을 수 있는 대상을 선택해보자.

우리나라 기업 중 삼성전자가 1등이라는 것은 초등학생도 안다. 그리고 삼성전자에 관한 정보는 따로 찾을 필요가 없다. 삼성전자가 어떤 제품을 개발했는지, 이번 분기 순이익이 얼마인지, 회사의 경쟁력이 어떤지, 회장이 피고인인 재판의 결과가 어떻게 나왔는지 9시 뉴스만 봐도 알 수 있다. 주가가 오르면 왜 오르는지, 떨어지면 왜 떨어지는지 조금만 관심을 가지면 다 알 수 있다. 이처럼 삼성전자를 비롯한 일부 대기업에 대한 정보는 어렵지 않게 얻을 수 있다. 하지만 그 이외의 회사들에 대한 정보는 일반 투자자 입장에서 도무지 알 방법이 없다.

물론 더 큰 수익을 얻기 위해 숨겨진 진주를 찾고자 한다면 투자를 공부하고 기업 정보를 분석해야 한다. 하지만 욕심을 버리고 시가총액 상위에 있는 대기업들을 중심으로 투자한다면 굳이 시간을 내어 정보를 찾을 필요가 없다.

펀드 투자도 마찬가지다. 4차산업펀드나 바이오펀드 같은 산업 및 테마 중심의 펀드는 일반 투자자가 정보를 얻기 어렵다. 관련된 종목이 무엇이고, 산업이 얼마나 발전하고 있는지, 그 산업에서 어떠한 일이 벌어지고 있는지 구체적으로 알기 어렵다. 정보를 찾으려면 별도로 시간을 내어 공부해야 한다.

하지만 미국인덱스펀드, 중국인덱스펀드, 한국인덱스펀드처럼 국가별로 투자한다면 정보에 대한 접근이 훨씬 쉬워진다. 미국의 주식시장이 현재 어떤 상황인지, 실업률은 얼마인지, 경제가 어떻게 돌아가는지 등 대부분의 굵직한 정보를 뉴스를 통해 알 수 있기 때문이다.

물론 삼성전자보다 더 미래가치가 있는 중소기업이 어딘가에 있을 수 있다. 인덱스펀드보다 더 높은 수익률을 올리는 테마 펀드도 있을 것이다. 운 좋게 그런 종목과 펀드를 골랐다면 더 높은 수익을 낼 수도 있다. 모르는 데 투자하는 것이 아는 데 투자하는 것에 비해 더 좋은 경우도 있다.

하지만 모르는 데 투자해서 수익은 생길 수 있어도 그 수익이 왜 생겼는지는 알 수 없다. 반면에 아는 데 투자하면 왜 수익이 났는지, 왜 손실이 났는지 알 수 있다. 현재 나타난 결과의 원인을 알아야 미래 결과를 개선할 수 있는 것은 분명하다. 투자란, 미래 수익을 맞추는 것이 아니라 시행착오를 거치며 위험을 줄여가는 과정이다.

진정한 부자는 직접투자한다

주식에 투자하라고 이야기하면 대부분 겁부터 낸다. 왜냐하면 부모님에게, 친구에게, 주변 사람들에게 '주식 투자는 위험하니까 절대로 하면 안 된다'고 세뇌당해왔기 때문이다. 그래서 평생 투자를 멀리한 채 은행만 이용하며 살아왔다.

그러다 은행금리가 낮아지면서 슬슬 불안해지기 시작한다. 주변에서 주식에 투자해 돈을 벌었다는 이야기도 종종 들려온다. 불안한 마음에 은행을 찾아가 직원에게 물어본다.

"이자가 너무 낮은데, 뭐 다른 방법이 없을까요?"

"더 높은 수익을 올리고 싶으시다면 주식 같은 데 투자하셔야 하는데요."

"주식은 위험하잖아요."

"그렇다면 직접투자 말고 펀드를 하시는 게 어떨까요?"

"펀드는 좀 안전한가요?"

"걱정 마세요. 펀드는 직접투자에 비해 훨씬 안전합니다."

이렇게 해서 주식을 두려워하던 대부분의 사람들이 처음 투자에 입문하는 것이 바로 펀드, 간접투자상품이다. 그런데 과연 간접투자가 좋을까? 금융회사에서 간접투자상품을 추천하는 이유는 다음과 같다.

- 주식 종목을 잘 골라야 하는데 일반인은 어떤 기업이 좋은지 판단할 수 없다.
- 여러 개 종목에 분산투자해야 하는데 개인이 종목을 선정하기가 어렵다.
- 금융시장이 급변할 때 개인은 시장 상황에 따라 적절하게 관리하기가 어렵다.
- 간접투자를 하면 금융 전문가들이 전문 지식을 가지고 철저하게 관리해줄 것이다.

여기서 궁금증이 생긴다. 주식에 투자해 수익을 내려면 내일 주가를 맞혀야 하는데, 금융 전문가는 내일 주가가 오를지 떨어질지 알 수 있을까? 어떤 전문가는 과거 시장을 분석하면 주가의 패턴이 보이고 패턴을 따라가면 앞으로의 주가를 예측할 수 있다고 말한다. 과연 그럴까? 그렇게 자신 있으면 본인 전 재산을 투자하면 될 텐데….

사실 증권업계에는 수백~수천 가지의 주가 예측 프로그램이 존재한다. 다들 본인이 만든 프로그램이 최고라고 말하지만 신이 아닌 이상 내일 주가를 100% 예측할 수 있는 방법은 없다. 한 치 앞도 모르는 게 사람인데, 내일, 다음 달, 내년에 벌어질 일을 어떻게 예측한다는 말인가? 결론적으로 보면 반은 맞고 반은 틀리는 홀짝 게임이다. 이 말은 전문가나 비전문가나 똑같은 확률이라는 말이다. 어차피 그들도 찍을 뿐이다.

간접투자는 금융회사가
만들어낸 허상이다

●

그렇다면 금융회사가 펀드 같은 간접투자를 추천하는 진짜 이유는 무엇일까? 바로 금융회사가 받는 수수료 때문이다. 과거에는 직접투자자에게도 고율의 거래수수료를 부과했다. 하지만 증권사 간의 경쟁이 치열해지면서 직접투자 거래수수료를 경쟁적으로 낮추기 시작했고, 급기야는 국내주식 거래수수료를 없애는 증권사들이 속출하고 있다.

그렇다면 증권사는 뭘로 먹고살까? 간접투자상품을 판매하는 길밖에 없다. (물론 해외주식 투자를 더 많이 권유하기도 한다.) 결국 수수료를 받기 위해 좋든 싫든 간접투자를 유도하지 않을 수 없다.

필자는 금융회사가 간접투자상품을 판매하고 수수료를 받아가는 것을 문제라고 생각하지 않는다. 상품을 판매하면서 원가만 받는 게 더 이상하다. 세상에서 구매하는 모든 상품에 제조 원가만 반영한다면 유통업체는 모두 망할 것이고, 그렇게 되면 제품을 사기 위해 고객이 직접 공장에 가야 한다. 하지만 현실적으로 모든 제품을 공장까지 가서 살 수 없기 때문에 유통이 필요하고, 제품 가격에 배송비, 판매수수료 등의 유통 마진이 붙는 게 정상이다.

금융회사가 받아가는 수수료 자체가 문제가 아니라 그 수수료가 합리적인가를 판단해야 한다. 금융회사가 간접투자상품을 판매하고 수수료를 받았다면 고객 입장에서는 전문가에 맡긴 것이므로 그에 걸맞은 서비스를 제공받아야 한다. 고객이 직접투자한 것에 비해 전문가에게 맡긴 펀드 수익률이 단 1%p라도 높아야 하고, 설령 수익률이 좋지 않았다 하더라도 펀드 운용에 대한 적절한 관리를 받아야 한다. 그래야 수수료를 낸 의미가 있다. 하지만 지난 10여 년간의 펀드 투자 결과는 대부분 그렇지 못했다. 대다수의 펀드가 시장 평균 수익률을 따라가기에 급급했다. 시장 평균 정도의 수익률이라면 굳이 전문가에게 맡길 필요가 있었을까?

직접투자한 것보다 전문가에게 맡긴 투자 결과가 더 좋다면 당연히 전문가에게 맡겨야 한다. 그러나 전문가에게 맡긴 결과가 좋지 않다면 간접투자를 해야 할 이유는 없다. 물론 간접투자가 필요할 때도 있다. 해외 주식시장에 투자할 때는 정보가 부족하고, 직접 주식을 사기도 쉽지 않기 때문에 펀드 등을 통해 간접투자하는 것이 좋을 수도 있다. 하지만 국내 시장에 투자하면서 펀드로 간접투자하는 것은 수수료만 발생할 뿐 큰 차이가 없다.

그렇다면 직접투자는
정말 위험할까?

●

사람은 가보지 않은 길을 무조건 위험하다고 판단하는 경향이 있다. 그리고 한번 실패하면 다시 도전하기를 두려워하기도 한다. 특히 고령화 사회가 되면서 다양한 도전이나 판단을 하기보다는 과거 경험에서 얻은 결론을 고수하려는 경향이 더 강해지고 있다. 그러다 보니 직접투자 경험이 없는 사람들, 직접투자에 실패한 경험이 있는 사람들은 직접투자는 위험한 일, 나쁜 일이라고 판단해버린다.

하지만 직접투자가 간접투자에 비해 더 위험하다는 것은 잘못된 인식이다. 직접투자 자체가 위험한 것이 아니라 투자 방법이나 투자 대상이 잘못되었기 때문에 위험했던 것이다. 오히려 지난 10여 년간 투자 결과를 보면 간접투자보다 직접투자가 훨씬 수익이 더 좋았다. (이 내용은 다음 장에서 설명하겠다.)

직접투자를 통해 수익률을 올리는 것도 좋지만 직접투자의 가장 큰 장점은 투자를 직접 체험할 수 있다는 점이다. 직접투자를 하게 되면 성공할 때도 있고 실패할 때도 있다. 결과가 어떻든 그 과정에서 투자의 본질을 배우고 합리적인 투자 방법을 깨달을 수 있다. 수익보다 더 중요한 경험을 얻게 되고, 경험을 통해 시행착오를 줄여갈 수 있는 것이다.

반면에 간접투자를 하게 되면 평생 남이 대신해준 투자의 결과만 받게 된다. 아무리 투자를 오래 했더라도 자기가 한 것이 없기 때문에 투자에 대해 전혀 배울 수 없다. 시행착오도 경험할 수 없고 학습도 하지 못한다. 결국 자기 돈이지만 자기가 관리하지 못하고 평생 남에게 돈을 맡기는 과정을 반복하게 될 뿐이다.

학교에서도 스스로 공부해야만 공부하는 방법을 알 수 있다. 선생님이 시키는 것만 한 아이들은 당장 성적이 잘 나올 수는 있지만 스스로 공부하는 방법을 모른다. 학교를 졸업하고 혼자 인생을 살아야 할 때가 오면 혼자서는 아무것도 할 수 없는 무능력자가 될지도 모른다.

돈이 너무 많아서 나를 대신할 전문가를 1:1로 고용할 수 있다면 직접투자할 필요가 없다. 그 전문가에게 모든 것을 알려주고 나만을 위해 일하도록 하면 된다. 그게 아니라면 내가 배워야 하고 내가 알아야 한다. 현대사회는 쏟아지는 정보를 스스로 공부하고 배워야 하는 시대다. 스마트폰 사용법은 한두 가지만 배워도 되고 모르는 기능은 안 써도 된다. 하지만 투자는 나의 재산을 움직이는 일이다. 내 재산을 남에게 맡기고 결과만 기다리는 것은 눈먼 돈을 만드는 길일 뿐이다.

물론 누구나 직접투자를 해야 하는 것은 아니다. 투자자의 성향이나 환경에 따라 직접투자가 불가능한 경우도 있고 직접투자 자체가 큰 고통이 되기도 한다. 이런 사람은 투자 자체가 맞지 않는 사람이다. 그래도 기왕 투자를 할 거라면, 궁극적으로 돈의 주인이 되고 싶다면 직접투자하는 것이 정답이다.

주변을 둘러보자. 그동안 당신에게 직접투자는 위험한 것이라고 말한 사람들이 어떻게 살고 있을까? 대부분 은행을 떠나지 못하고 낮아진 이자를 받으며 돈의 노예로 살고 있을 것이다. 뭔가를 해야 하지만 경험이 없다 보니 이러지도 저러지도 못하고 조바심만 내다가 더 큰 위험에 빠져가고 있을 것이다.

직접투자가 나쁜 것이 아니라 투자를 잘못해서 실패한 것이다. 제대로 가보지도 않은 상태에서 막연히 낭떠러지라고 생각하지 마라. 멀리서 볼 때는 낭떠러지인 줄 알았는데 직접 가보면 낭떠러지가 아니라 계단일 수도 있다. 계단 정도의 위험은 충분히 감수할 수 있고 그 위험을 극복하면 더 좋은 결과가 나올 것이다. 실패를 두려워 말고 직접투자하라. 성공해도, 실패해도 결과적으로 보면 직접투자가 더 유리하다.

진정한 부자는
우량자산에 투자한다

"기왕 직접투자를 한다면 좋은 종목을 골라서 성공해야 하지 않을 까요?"

"어떤 종목을 선택해야 좋을까요?"

직접투자를 한다면 종목을 직접 선택해야 하므로 좋은 종목을 고르는 것이 중요하다. 그런데 미래를 알 수 없으니 어떤 종목이 좋은지 판단하기 어렵다. 지난 10여 년 동안 이 질문에 대해 금융 전문가들은 이구동성으로 이렇게 답했다.

"분산투자하세요!"

분산투자, 말 그대로 한두 가지 자산에 집중하지 않고 여러 가지 자산에 나눠서 투자하는 것이다. 어떤 종목이 좋은지 알 수 없고, 정보를 얻기 쉽지 않으니 위험을 줄이기 위해 여러 종목, 여러 펀드에 나눠서 투자하라는 말이다.

분산투자는 여러 측면에서 유리하다. 첫째, 분산투자를 하면 위험을 줄여주는 효과가 있다. 투자시장에는 항상 위험이 존재하고 그 위험이 닥쳤을 때 손실을 최소화하는 것이 중요하다. 따라서 분산투자를 통해 계란을 한 바구니에 담지 않는다면 위기가 닥쳤을 때 모든 계란이 한꺼번에 깨지는 위험을 막을 수 있다.

둘째, 어떤 투자가 더 수익이 좋을지 알 수 없지만 적절하게 분산해놓으면 최소한 평균 정도의 수익은 달성할 수 있다. 투자 결과도 잘 분산된 인덱스펀드와 소수의 종목을 선정해 투자하는 액티브펀드를 비교해보았을 때, 초반에는 적극적으로 운용하는 액티브펀드의 수익률이 앞서지만 시간이 지날수록 인덱스펀드의 수익률이 더 유리해지는 경우가 많다.

이처럼 분산투자는 모든 투자 교과서에서 빠지지 않는, 지난 수십 년의 투자 역사에서 누구도 부인하지 않는 이론이었다. 필자도 그렇게 배웠고 지난 10여 년간 그렇게 강의해왔다. 분산투자를 해야 한다고. 그런데…

분산투자의
시대는 갔다

●

최근 10여 년간의 투자 결과를 보면, 분산투자가 아무 의미 없는 허상에 불과했음을 깨닫게 된다. 10년 전에 아파트를 사면서 강남에 1채, 인천에 1채, 광주에 1채, 부산에 1채, 시골에 1채 이렇게 분산해 샀다면 결과가 어떻게 되었을까? 서울, 그것도 강남에 산 아파트만 올랐다. 다른 지방의 아파트는 분산투자한 수익률에 플러스보다 마이너스를 더 많이 가져왔다. 10년 전에도 강남이 좋은 줄은 알았지만 혹시나 하는 생각에 위험을 줄이기 위해 분산해 투자했다. 그런데 역시나 서울, 그중에서도 강남이 최고였다.

주식시장은 어땠을까? 우리나라 종합주가지수(KOSPI)는 10년 전에 2천 포인트 안팎이었고 지난 10년간 2천 포인트를 벗어나지 못하며 박스권을 반복했다. 수익을 내지 못했다는 말이다. 잘 분산된 인덱스펀드의 수익률은 종합주가지수와 비슷하므로 결국 분산투자한 투자자들의 수익률 역시 제로이거나 그다지 좋지 않았다.

하지만 동일한 기간에 시가총액 1위 삼성전자의 수익률은 어땠을까? 2010년에 80만 원 정도이던 주가가 2020년 말 기준 400만 원(액면분할가격 8만 원)을 넘어 5배 가까이 상승했다. 전체 시장이 박스권 내에서 오르내리는 사이에 1등 주식은 엄청나게 상승한 셈이다. 다르게 생각해보면, 1등 기업이 열심히 해서 성적을 올렸는데 전체 평균(KOSPI)이 오르지 않았으므로 다른 기업들은 오히려 성적이 떨어졌음을 의미한다. 1등 기업이 벌어놓은 수익을 다른 기업들이 다 까먹은 셈이다.

결론적으로 볼 때, 분산투자를 했다면 간신히 원금을 지키는 데 불과했지만 1등 기업의 주식을 샀다면 엄청난 수익을 달성할 수 있었다.

자본주의 시대에는
돈 있는 회사가 우량한 회사다

●

"일정 구간에서만 그렇지, 전반적으로 보면 분산투자가 유리해."

맞는 말이다. 지난 10년간만 봐서 그럴 뿐이지 전반적으로 볼 때, 분산투자를 하지 않았으면 큰 위험에 처했을 수도 있다. 과거에 잘나갔지만 지금은 주가가 많이 떨어진 기업도 많고 심지어 사라진 경우도 많기 때문이다. 이 경우 분산투자하지 않고 한두 기업에 집중했다면 수익은커녕 엄청난 손실을 기록했을 수도 있다. 과거에는 그랬다. 하지만 앞으로도 그럴까?

과거에 잘나갔던 기업들은 대부분 기술력이 좋은 기업들이었다. 그 당시만 해도 기술력이 좋은 기업들은 지속적으로 성장하리라 생각했다. 하지만 시간이 흐르면서 기업들의 운명은 갈렸다. 그들의 운명을 가른 기준은 더 이상 기술력이 아니었다. 자본력이었다. 기술력만 가진 기업들은 작은 위기에도 힘들어 하지만 기술력을 바탕으로 현금을 축적한 기업들은 위기가 닥칠수록 견고히 성장해나갔다. 오히려 위기가 닥치면 보유한 현금을 활용해서 기술력을 갖춘 알짜 회사들을 M&A하며 쓸어 담는다. 이러한 부익부 빈익빈 현상은 자본주의가 심화되면서 점점 더 고착화되고 있다.

과거에 분산투자를 했던 이유는 대기업조차도 부도의 위험이 있었기 때문이다. 기술력이 있어도 언제든지 시대가 바뀌면 망할 수 있기 때문이다. 하지만 지금의 대기업은 다르다. 자본력을 보유한 대기업은 자본주의 사회가 붕괴되지 않는 한 지속적으로 규모를 확대해나갈 것이다. 기술의 힘이 아닌 자본의 힘으로.

초우량자산에
집중하라

●

자본주의의 속성을 이해하고 부익부빈익빈이 심화될 것을 인정한다면 이제 더 이상 분산투자를 할 필요가 없다. 시장은 자본력이 풍부한 우량자산 쏠림 현상이 더 심화될 것이고, 우량자산의 가치가 더더욱 상승할 것이기 때문이다. 그리고 그들은 위기가 닥칠 때 위험해지는 게 아니라 더더욱 규모를 확장할 것이다. 그렇다면 투자는 우량자산, 그중에서도 초우량자산에 집중해야 한다. 어설프게 분산투자하면 위험이 줄어드는 게 아니라 오히려 더 커진다. 분산투자는 포트폴리오에 비우량자산을 편입하는 결과를 가져올 뿐이고, 결국 나를 빈익빈으로 이끌 것이다.

만약 그럼에도 불구하고 굳이 분산투자를 해야 한다면 초우량기업 3~5개의 기업에 분산하면 된다. 그것이 가장 위험이 적으면서 가장 높은 수익을 달성할 수 있는 방법이다.

우량자산,
알고도 못 사는 이유

●

우량자산이 좋다는 건 누구나 알고 있지만 실제 투자상황을 보면 일반 투자자들이 우량자산, 우량종목에 투자하는 비중은 그리 높지 않다. 알고도 못 사는, 알지만 안 사는 이유가 있다.

첫째, 우량자산은 가격이 비싸다. 강남 핵심 지역의 부동산을 사려면 최소한 20억~30억 원 정도의 현금이 있어야 한다. 주식에 투자하는 경우도 마찬가지다. 우량한 종목은 대부분 주가가 비싸다. 1주의 가격이 적게는 몇십만 원에서 몇백만 원까지 나가기도 한다. 일반 투자자 입장에서는 한 달에 1주도 사기 어려운 가격이다. 삼성전자 주식은 2018년에 1/50로 액면분할을 하기 전에는 1주당 가격이 280만 원에 육박했다. 일반 투자자들은 도저히 살 수 없는 가격이었다. 그러다 보니 주가가 싼 종목을 찾아야 하고, 주가가 싼 종목을 찾다 보니 비우량종목을 살 수밖에 없는 과정이 되풀이된다.

둘째, 우량종목은 가격 변동폭이 작다. 규모가 작은 기업은 주식수도 적고 시가총액도 적기 때문에 주가가 크게 변동할 수 있다. 그러다 보면 하루에도 수십%의 수익이 나기도 한다. 하지만 우량한 대기업들은 기업의 주식 수가 많고 시가총액이 크다 보니 실제 주가의 변동폭이 크지 않다. 하루에 1~2% 내외에서 변동하는 경우가 대부분이다. 친구가 투자한 1천 원짜리 주식이 하루에 10% 이상 오르고 며칠씩 상한가를 치고 있는데, 내가 투자한 100만 원짜리 주식이 하루에 1~2% 오르는 것을 보면 답답할 수도 있다. 이런 상황에서 참지 못하고 우량주식을 매도하고 잡주들을 매수하기도 한다.

물론 단기 수익을 목적으로 한다면 우량종목에 투자해봐야 큰 재미를 보기 어렵다. 하지만 단기로 몇 % 수익을 더 올렸다고 해서 인생이 크게 바뀌는 것은 아니다. 장기적으로 더 큰 수익을 올리고 싶다면 우량종목에 집중하자.

돈 가진 사람과
한 배를 타라

●

우량종목은 비싸다고?

그렇기 때문에 개미투자자들이 들어오기 힘들다.

우량종목은 변동폭이 작다고?

그렇기 때문에 훨씬 안정적으로 투자할 수 있다.

그래서 돈 가진 사람(자본가)들이 더더욱 우량자산에 집중할 것이고 결국 자본주의 사회에서 우량자산으로의 집중현상은 더더욱 빨라질 것이다.

명심, 또 명심하자. 우리가 살고 있는 사회는 모두가 함께 평등한 사회가 아니다. 적어도 경제적인 측면에서는 돈 가진 사람이 세상을 지배하는 사회다. 돈 가진 사람이 될 수 없다면 돈 가진 사람에게 투자하라. 그들을 이길 수 없다면 그들과 한 배를 타는 것이 훨씬 현명한 전략이다.

진정한 부자는
보유주식 수에 집중한다

대한민국 주식 투자자의 99.9%가 답하지 못하는 질문이 있다.

"투자한 회사의 주식을 몇 주 보유하고 있는지 알고 계십니까?"

"글쎄요, 주식 수는 모르겠고 1천만 원 정도 샀는데요."

이 질문에 답하지 못하는 투자자들은 대체로 이렇게 반문한다.

"보유주식 수가 중요한가요? 투자한 금액이 제일 중요한 거 아닌 가요?"

투자자 99.9%가
보유주식 수를 모르는 이유

●

대부분의 주식 투자자들이 보유주식 수에 관심이 없다. 투자하는 목적 자체가 단순히 돈을 불리는 것이므로 금액 자체가 중요하기 때문이다. 오랜 시간 투자를 해온 사람도 수익이 얼마나 늘었는지 잔고만 확인할 뿐, 자신이 투자한 종목의 주식 수에는 관심도 없다. 그나마 주식을 직접 매수한다면 사는 시점에 알 수 있지만 간접투자, 분산투자를 하다 보니 평생을 투자해도 보유한 주식의 수를 알 방법이 없다.

간접투자를 하면 펀드운용사가 주식을 사기 때문에 운용사가 무슨 종목을 몇 주 샀는지 펀드 투자자 개인은 알 수 없다. 분산투자를 하는 경우도 비슷하다. 여러 종목을 매수하지만 어떤 종목은 오르고 어떤 종목은 떨어지며 짬뽕이 되어 섞이다 보니 개별 종목에 대한 관심이 저하되고, 결국 전체 투자금액이 플러스인지 마이너스인지만 보게 된다. 이렇게 투자하면 투자금액만 중요해지니 보유주식 수에는 관심을 둘 필요가 없어진다.

하지만 직접투자, 집중투자를 하면 그때부터 보유주식 수가 보이기 시작한다. 주식 종목이 단순해지고 직접 사게 되므로 자기가 어떤 주식을 몇 주 가지고 있는지 파악하기가 쉬워진다.

진짜 주주는 보유주식 수를
중요하게 생각한다

●

보유주식 수에 관심을 갖는 것이 새로운 개념처럼 보이지만 원래 주식 투자의 본질은 보유주식 수를 늘려가는 것이다. 앞서 2장에서 설명했듯이 주식의 본질은 회사의 주주로서 회사의 의사결정에 관여하고 회사의 성장과 함께하는 것이다. 회사에 의사결정에 관여하기 위해 가장 중요한 것이 바로 보유주식 비율이다. 보유한 주식 비율이 전체 주식 중 몇 %인가에 따라 내 의사를 반영하는 비율이 결정되기 때문이다.

주식 투자의 본질은 보유주식 수를 늘려가면서 회사의 성장과 함께하는 것인데, 현재 이런 개념은 완전히 사라져버렸고, 단순히 돈을 불리는 재테크 수단으로 전락하고 말았다. 그러다 보니 투자 금액은 알지만 자신이 몇 주를 보유하고 있는지 알고 있는 투자자는 찾기 힘들다.

"개인 투자자가 회사 경영에 개입할 필요까지는 없지 않나요?"

이렇게 반문할 수 있다. 맞다. 사실상 소액을 투자한 개인 투자자가 회사 경영에 개입하기도 쉽지 않다. 하지만 순수하게 투자 관점에서 보더라도 보유주식 수에 집중해서 투자하는 것은 매우 중요하다.

보유주식 수는 절대로
줄어들지 않는다

●

보유주식 수에 집중해서 투자하는 것이 왜 중요할까?

 기업의 주가는 하루에도 수백 번, 수천 번을 오르락내리락한다. 투자금액이 수시로 변하고 투자자는 하루에도 셀 수 없이 천당과 지옥을 오가게 된다. 매일 일희일비하다 보면 심리적으로도 힘들어지고 장기간 투자에 집중하기가 쉽지 않다. 일부 투자자는 주식시장이 열리는 오전 9시부터 오후 3시 30분까지 자리를 뜨지 못하는 바람에 밥도 제대로 먹지 못한다. 이렇게 집중해도 매일 수익을 내는 건 아니다. 오히려 손실을 보는 날이 더 많다. 이처럼 투자금액에 집중하면 플러스와 마이너스를 반복하는 과정에서 스트레스만 늘어나게 된다.

 하지만 보유주식 수는 마이너스가 없다. 팔지 않는 한 줄어들지 않기 때문이다. 주식을 매달 10주씩 산다면 1년 후에는 120주를 보유하게 되고, 10년 후에는 1,200주를 보유하게 된다. 우량주를 장기보유하다 보면 주가는 알아서 올라갈 테고, 투자자는 주식 수를 늘리는 재미가 생긴다. 실제로 필자의 강의와 영상을 보고 투자를 시작한 사람들 대부분이 주식 투자가 재미있어졌다고 말했다.

 "연금박사님 강의를 듣고 투자하니 주식 늘어나는 재미가 쏠쏠하네요!"

과거에 수익률 잔고만 보며 투자할 때는 매일 일희일비하느라 힘들었는데, 이제는 주식 사서 모으는 재미가 있다고 말한다.

보유주식 수에 집중하면
원금을 잊게 된다

●

보유주식 수에 집중하다 보면 또 다른 장점이 생긴다. 시간이 지나면서 자연스럽게 원금을 잊게 된다는 점이다. 사실 투자에서 가장 힘든 부분이 원금에 집착하는 것이다. 자기가 투자한 원금을 기억하면, 수익이 나서 원금 이상이 되면 좋지만 손실이 나서 원금 이하가 되면 우울하다. 그리고 원금에 대한 집착이 생기면서 무리한 투자를 시도하게 된다.

1천만 원을 투자했는데 500만 원이 되었다면 50% 손실이 발생한 것이다. 원래 올바른 투자 방법은 손실이 발생했다 하더라도 모든 것을 잊고 500만 원으로 다시 시작한다는 마음을 갖는 것이다. 그런데 1천만 원이라는 원금이 머릿속에서 사라지지 않는다면 "원금을 날렸으니 어떻게든 회복해야 해!"라며 오로지 원금을 회복하는 것이 투자의 목적이 된다. 주가가 오른다 하더라도 수익의 즐거움은 사라지고 원금을 회복한다는 위로감만으로 버틸 뿐이다. 괜히 시작했다는 생각만 들고 투자가 재미없어진다.

그런데 더 큰 문제가 있다. 남아 있는 500만 원으로 원금 1천만 원을 회복하려면 100% 수익이 생겨야 한다. 떨어질 때는 50%밖에 손실을 보지 않았지만 만회하려면 100% 수익이 필요하다. 더 높은 수익률이 필요하다는 것은 더 공격적으로 투자해야 한다는 말이다. 그러니 무리한 투자를 할 수밖에 없다. 만약 공격적인 투자를 하지 않는다면 투자금을 늘려야 한다. 손실금액 500만 원을 회복하기 위해 추가로 더 많은 원금을 쏟아부어야 한다. 점점 더 위험이 커지는 것이다. 원금을 회복할 가능성보다 남은 금액조차 잃게 될 가능성이 더 크다.

"나 삼성전자
1천 주 있어!"

●

투자 원금을 기억하면 주식의 노예가 된다. 하지만 투자 원금을 잊을 수 있다면 투자에서 자유로워질 수 있다. 투자 원금을 잊는 방법이 바로 보유주식 수에 집중하는 것이다. "나는 1천만 원 투자했어."가 아니라 "나는 1천 주 가지고 있어."로 관점을 바꾸면 된다.

이렇게 보유주식 수에 집중하다 보면 자연스럽게 투자 원금을 잊게 되고 안정적인 투자를 할 수 있다. 주가가 떨어져도 자신이 보유한 주식 수는 변동이 없기 때문이다. 오히려 주가가 떨어지면

저가에 더 많은 주식을 매수해 주식 수를 늘릴 수 있는 기회를 갖는다.

예전에 우리 부모님들이 했던 전통적인 재테크 방식이 있다. '적금통장 개수 늘리기'다. 장롱 서랍을 열어보면 10여 개의 통장이 쌓여 있었다. 한 통장에 돈을 모아도 되지만 돈이 생길 때마다 저축을 하며 통장 개수를 늘려가는 것이 부모님의 방법이었다. 통장마다 돈이 많이 들어 있는 것도 아닌데 통장 개수가 늘어나면 부모님은 뿌듯해 하셨고, 돈을 모으는 재미가 있다고 하셨다. 주식도 마찬가지다. 원금에 집착해 잔고만 확인하면 일희일비하지만, 보유주식 수를 늘려가면 투자의 색다른 재미를 만끽할 수 있다.

보유주식 수를 늘려가다 보면 이런 재미도 있지만 나중엔 이것이 습관이 된다. 사람들은 단기적으로 수익을 냈을 때 주식 투자에 성공했다고 생각한다. 하지만 오늘 번 수익이 언제든지 사라질 수 있는 게 주식이다. 따라서 재테크에 성공하려면 단기 수익률을 좇지 말고 규칙적인 투자 습관을 형성하는 것이 중요하다. 그런데 지금처럼 매일같이 다른 종목을 고르고, 적절한 매수 타이밍을 찾는 방식으로는 올바른 투자 습관을 형성할 수 없다. 오히려 주가에 관계없이 정기적으로 주식을 매수하며 보유주식 수를 늘려가는 방법이 올바른 투자의 지름길이다.

만약 자녀에게 투자에 대해 알려주고 싶다면 종목을 발굴하고 수익을 내는 방법을 알려주기보다 주식 수를 늘려가며 돈을 모으는 습관을 알려줘야 한다. 기업 분석과 투자 분석을 전업으로 할 게 아니라면 투자의 성패는 지식이 아니라 습관에서 결정되기 때문이다. "엄마가 ○○바이오 샀는데 대박 났다. 너도 그거 사라." 이런 식의 교육은 대대로 망하는 지름길이 된다.

주식의 노예가 아니라 돈의 주인이 되고 싶다면 투자금액이 아닌 보유주식 수에 집중하라. 그것이 진정한 주식 투자이고 투자에서 자유로워지는 길이다. 그렇게 우량자산의 주식 수를 늘려가다 보면 수익은 나도 모르는 사이에 내 통장에 들어와 있을 것이다.

진정한 부자는 주가가
떨어질 때 매수한다

주가는 오르는 게 좋을까, 떨어지는 게 좋을까? 대부분은 주가가 올라야 좋다고 생각하고 떨어지면 안 좋다고 생각한다. 그런데 과연 그럴까?

단기 수익을 목표로 주식을 사는 사람들은 있는 돈을 다 털어서 한 번에 투자를 한다. 그러고 나서 무조건 오르기만을 바란다. 수익이 나서 매도하면 바로 다시 다른 종목을 산다. 그리고 종목이 또 오르기만을 기다린다. 평생 오르기만 바라고 주가가 떨어지면 불안해한다.

하지만 장기투자를 목적으로 매달 일정한 금액을 꾸준히 매수하는 사람은 상황이 전혀 다르다. 지난달에 주식을 샀지만 이번 달에도 사야 한다. 주가가 오르면 지난달에 산 주식은 수익이 나지만 이번 달에 살 주식이 비싸진다. 따라서 지금 오르는 게 무조건 반갑지만은 않다. 오히려 지금 주가가 떨어져야 더 싸게 매입할 수 있다. 그리고 주가가 떨어지면 가격이 싸져서 동일한 금액으로 더 많은 주식을 매수할 수 있다.

이것을 전문용어로 비용평균효과(cost average effect)라고 한다. 여러 번 나눠서 사게 되면 매입비용이 평균화된다는 의미다. 주식을 여러 번 나눠서 사는 경우 주가가 떨어지면 싸게 살 수 있으므로 매입비용이 낮아져서 수익률이 올라간다. 반면에 주가가 올라가면 비싸게 사야 하므로 매입비용이 높아져서 결국 수익률이 떨어진다. 실제로 어느 정도 효과가 있는지 표로 살펴보자. 1천만 원의 투자금을 매달 100만 원씩 열 번에 나눠서 주식을 매수한다고 가정해보자.

1번 시나리오는 주가가 계속 꾸준히 오르는 경우다. 첫 달에는 100만 원으로 1만 원짜리 주식 100주를 살 수 있었다. 이후에 주가가 올라서 좋긴 하지만 시간이 지날수록 매수금액이 비싸져서 100만 원을 가지고 살 수 있는 주식 수가 줄어들게 된다. 결국 열 달이 지난 후 주가가 1만 원에서 2만 원으로 100% 상승했지만 최종 수익은 43.8% 정도밖에 되지 않는다.

| 같은 투자금으로 매달 매수 시 주가에 따른 수익률 |

구분	시나리오 1		시나리오 2	
	주가(원)	매수주식 수	주가(원)	매수주식 수
1월	10,000	100	1,000	100
2월	11,000	91	8,000	125
3월	12,000	83	6,000	167
4월	13,000	77	6,000	167
5월	14,000	71	8,000	125
6월	15,000	67	10,000	100
7월	16,000	63	12,000	83
8월	17,000	59	14,000	71
9월	18,000	56	16,000	63
10월	19,000	53	18,000	56
종가	20,000	–	20,000	–
주식합계	719주		1,056주	
투자원금	1천만 원		1천만 원	
보유잔액	1,437만 5,428원		2,112만 3,016원	
수익률	43.8%		111.2%	

※ 매수주식 수는 반올림한 결과이며 실제 주식 수와는 다를 수 있다.

2번 시나리오는 주가가 떨어졌다가 오르는 경우다. 표를 보면 알 수 있듯이 주가가 떨어지면 더 많은 주식을 매수할 수 있다. 열 달이 지난 후 주가는 2만 원이 되어 100% 상승했지만 실제 수익은 100%를 넘어서 111.2%를 달성하게 된다. 떨어졌다가 오르니 더 많은 수익이 나는 것을 알 수 있다.

주가가 떨어져야
더 많은 주식을 살 수 있다

●

몇 달만 제대로 투자하면 깨달을 수 있는 진리인데, 수십 년씩 주식을 해도 단타만 치면 이 진리를 평생 깨달을 수 없다. 단기투자자는 가격이 중요하지만, 주주가 되어 장기투자하는 사람들은 보유주식 수가 더 중요하다. 주가에 관심을 가질 때는 몰랐는데 주식 수에 관심을 가지기 시작하니까 이런 사실을 깨닫게 된다.

"어, 이상하다? 지난달에는 100만 원 가지고 25주를 샀는데 이번 달에는 23주밖에 못 사네. 뭐야? 주가가 올라버렸잖아! 그렇다면 다음 달에는 이달에 못 산 것까지 27주를 사야 하는데… 주가야, 제발 떨어져라!"

주가가 떨어지길 바라는 이유는 싼값에 사기 위해서가 아니다. 더 많은 주식을 살 수 있어서다. 같은 이야기인 것 같지만 완전히 다른 이야기다. 생각을 바꾸면 주식 투자를 바라보는 관점이 180도 달라진다. 돈의 주인이 추구하는 것은 싸게 사서 비싸게 파는 갭투자가 아니다. 단기적인 수익을 쫓는 개미투자자가 아니다. 우량한 기업의 주주가 되는 것이다. 내가 투자한 회사의 주식을 더 많이 보유하고 싶다면 내일 주가는 떨어져야 한다.

진정한 부자는
주식을 팔지 않는다

장기투자해야 한다고 이야기하면 대부분 이런 질문을 던진다.

"장기투자하려면 얼마나 오래 투자해야 하나요?"

"전문가들이 장기투자하라고 말하는데요, 어느 정도의 기간이 장기인가요?"

몇 년이 장기일까? 당일 매매를 주로 하는 사람들은 이틀만 가지고 있어도 장기라고 말한다. 어떤 사람에게는 한 달도 긴 기간이지만, 어떤 사람에게는 1년도 짧을 수 있다. 장기투자하라고 말하는 사람은 많지만 사실 그 기간이 얼마인지 정해져 있지도 않고 단언

할 수 있는 사람도 없다. 미래 주가가 언제 어떻게 될지 누구도 알수 없기 때문이다. 오히려 확실하게 말해주겠다는 사람이 있다면 그는 전문가라기보다 사기꾼에 더 가깝다.

필자는 장기투자 기간을 묻는 투자자에게 이렇게 답한다.

"장기투자는 죽을 때까지 하는 거예요. 인생에서 그 돈은 이제 없다고 생각하고 투자하세요."

투자 기간을 묻는 사람들에게 이렇게 답하면 대부분 투자를 망설인다. 좀 오래 묶어둘 생각은 있지만 막상 평생 쓸 수 없다고 생각하니 고민스럽다.

'언젠가는 써야 하는데…. 쓰려고 돈을 불리는 거지, 안 쓸 거면 뭐하러 투자를 하나?'

평생 팔지 않겠다는
마음가짐이 중요하다

●

투자를 하면서 '언제까지 투자하면 얼마의 수익이 난다'는 것을 명확하게 알 수 있다면 좋겠지만 투자시장이 수시로 변동하기 때문에 언제 수익이 날지, 언제까지 투자해야 할지 판단하는 것은 불가능하다.

투자기간을 1년으로 정해놓았다면 365일째 되는 날 주가가 최고점을 찍어줘야 하는데, 과연 그게 가능할까? 10년간 투자해서 주가가 2배 올랐는데 하필 투자를 종료하기 직전에 주가가 폭락해서 10년치 수익을 하루아침에 토해내야 할 수도 있다. 장기투자는 기간을 정해놓았다고 해서 해결되는 게 아니다. 투자기간보다 투자하는 사람의 마음가짐과 그에 맞는 투자 방법이 더 중요하다.

장기투자를 하며 죽을 때까지 팔지 말라는 이야기가 아니라, 평생 팔지 않아도 되는 돈으로 여기며 평생 팔지 않겠다는 마음으로 투자하라는 말이다. 오랫동안 투자하려고 마음먹었다가 조기에 원하는 수익을 달성해서 수익을 실현할 수도 있다. 반면에 투자 수익을 내는 데 장기간이 소요될 수도 있다. 기간이 얼마나 소요되든지 관계없이 기간에 구애받지 않고 평생 묻어두겠다는 마음가짐이 중요하다.

"에휴, 나는 그렇게 오랫동안 투자할 자신은 없으니 그냥 단기로 용돈이나 벌어봐야겠네."

여윳돈을 쌓아두고 사는 것도 아니고 언젠가는 써야 할 돈이다 보니 선뜻 장기로 묻어둘 용기가 나지 않을 것이다. 그래서 장기보다는 단기로 수익을 낼 수 있는 투자를 시작한다. 재미있는 사실은, 그렇게 장기투자를 겁내면서 단기투자를 해도 결국 대부분의 투자자가 의도치 않게 장기투자를 하게 된다는 점이다.

단기투자하다가
장기로 묶인 사람들

●

A씨는 투자에 대해 잘 모른다. 투자 목적도 불분명하다. 그런데 최근 주가가 오르면서 사람들의 관심이 늘어나자 A씨도 주식에 관심을 갖기 시작했다. 유튜브에서 몇 가지 영상을 보다 보니 이런저런 종목들이 눈에 들어온다. 용돈이나 벌어보자는 생각으로 추천받은 종목 몇 개를 매수한다.

"10%만 오르면 팔아야지."라며 주식을 샀으나 얼마 후 주가가 오르기 시작하더니 수익률이 10%를 넘겼다. 원래 계획대로라면 10% 수익을 냈으니 주식을 매도해야 하지만 그런 선택을 할 리 없다. '좋은 종목이라 더 올라갈 테니 조금만 더 오르면 팔아야지.'라고 생각하며 주식을 계속 보유한다. 그런데 얼마 지나지 않아 주가가 하락하더니 이내 원금 이하로 떨어진다. '아, 10% 벌었을 때 팔았어야 하는데. 일단 원금이라도 회복해야지.'라고 생각하며 기다린다. 그런데 원금이 회복되기는커녕 점점 더 떨어지며 손실이 커지기 시작한다. 수익이 났을 때는 매일같이 주식 호가창을 보면 흐뭇했지만 이제는 기분이 나빠진다. 그렇다고 손실을 보고 정리하는 것은 더 마음 아프다.

이 상황에서 주식을 처분하는 사람은 그나마 나은 경우다. 대부분 주가가 회복되기를 기다린다. 어느 순간부터 주식 시세도 더 이상 보지 않는다. 하루, 이틀, 한 달, 두 달, 1년, 2년, 이미 주가는 반 토막이 되었지만 언젠가는 오실 '님'을 기다리며 자연스럽게 장기투자로 전환한다. 잠깐 단기투자해서 용돈만 벌고 그만둘 생각으로 시작했지만 의도와 달리 장기투자가 되어버렸다. 이쯤 되면 장기투자가 아니라 감옥에 갇혀버린 것이다. 투자금은 원래 단기간 필요한 돈이었지만 평생 쓰지 못하고 포기한 돈이 되어버렸다. 차라리 처음부터 장기투자를 마음먹었으면 그에 맞게 투자했을 텐데, 투자 목적이 불분명한 상태에서 시작하다 보니 이도 저도 아닌 상황이 되어버린 것이다.

언제 팔지에 대한 답은
나 자신에게 있다

●

"언제 팔아야 할까?"

"언제까지 투자해야 할까?"

이 질문에 대한 대답은 전문가에게 물어보기보다 투자자 스스로에게 질문해야 더 정확하다. 답은 투자자의 상황에 따라 달라지기 때문이다. 그리고 이 질문은 주식을 사고 나서 하는 것이 아니라 사기 전에 해야 한다. 무작정 투자를 시작하고 나서 어떻게 해야 할지 결정해서는 안 된다. 왜냐하면 자신의 목표 수익률이 얼마인지, 얼마나 오랫동안 투자할 수 있는지에 따라 투자 대상과 방법이 달라지기 때문이다.

집을 살 때도 투자를 위해 살 것인가, 거주하기 위해 살 것인가에 따라 전략이 달라진다. 투자용으로 부동산을 살 때는 외적인 조건이 중요하다. 경기가 좋은지, 대출이자율이 낮은지, 정부의 부동산 정책이 어떤지, 세금은 얼마나 내야 하는지 등등이 외적인 조건에 해당한다. 이러한 변수에 따라 투자 여부를 결정하게 된다. 때로 부동산 가격이 폭등할 때는 외적인 조건과 상관없이 무작정 투자하는 경우도 많다.

하지만 거주용으로 집을 사는 사람에게는 외적인 조건보다 집 자체의 활용도가 중요하다. 남향인지 아닌지, 집의 실내 구조가 어떤지, 학군은 좋은지, 교통편은 어떤지 등 본인이 이 집에 평생 살아야 하기 때문에 취향과 삶의 만족도에 더 무게를 둔다. 결국 부동산을 구입하는 목적에 따라 어떤 집을 살지, 얼마나 보유할지가 달라진다.

투자도 마찬가지다. 어떤 목적으로 투자를 하는가에 따라 투자 종목도 다르고 방법도 다르다. 하지만 적지 않은 투자자들이 투자의 목적을 정하지 않고 투자를 시작한다. 그리고 나서 뒤늦게 투자 방법을 고민한다.

투자 목적에 따라
투자 기간이 달라진다

●

투자 목적에 따라 투자 기간이 어떻게 달라지는지 알아보자.

단기투자는 단기로 수익을 내야 하므로 등락폭이 큰 종목이 적합하다. 이런 종목은 대부분 유행성 테마 종목에 해당된다. 단기투자자가 위험을 줄이기 위해 주가변동폭이 작은 종목을 선택하면 안 된다. 변동폭이 작으면 손실 가능성도 작지만 수익 가능성도 작다. 이런 종목을 매일같이 보고 있으면 지루할 따름이다.

등락폭이 큰 종목에 투자한다면 수익 상한선과 손실 하한선이 정해져 있어야 한다. '10% 수익이 나면 매도하겠다.' '10% 손실이 나면 손절하겠다.' 등 정확한 한계선이 있어야 하고, 어떤 경우든 정해놓은 한계선을 이탈하면 무조건 매도해야 한다. 특히 등락이 심한 종목은 우량주라기보다 단기적인 테마주일 가능성이 크다. 그러므로 유행이 사라지면 주가가 급락하고, 주가가 급락하면 하루 빨리 손절하는 것이 낫다. 일단 해보면서 수익이 나면 계속하고 손실이 생기면 털겠다는 생각은 이미 시작부터 실패를 예고하는 것이다.

반면 장기투자는 단기적인 유행에 따라 흔들리는 종목에 투자해서는 안 된다. 단기적으로는 상승하지 않더라도 장기적으로 성장 가능한 우량기업 중심으로 투자해야 한다. 그리고 이런 종목은 단기적으로 하락하더라도 손절하지 않아야 한다. 유행성 테마 종목들은 주가가 하락하면 하루빨리 빠져나와야 하지만, 우량종목의 주가가 하락하는 시점은 저가에 추가로 매수할 수 있는 시점이기도 하다. 우량종목에 장기투자하면 굳이 매일 주식시장을 들여다볼 필요가 없다. 경제 상황에 큰 변화가 있을 때 약간의 조정이 필요할 수 있겠지만 그 외에는 그냥 묻어두는 것이 좋다. 여기서 명심할 점은 이렇게 장기적으로 묻어두려면 급전이나 언젠가는 꼭 써야 하는 돈으로 투자하면 안 된다는 것이다. 그러지 않으면 기간이 길어질수록, 시간이 다가올수록 초조해질 수밖에 없다. 그러니 평생 없어도 되는 돈으로 투자해야 한다.

결국 있는 사람이
돈 번다

●

투자도 결국 부익부빈익빈이다. 없는 사람보다 있는 사람이 더 많은 돈을 번다. 돈이 있는 사람들이 더 여유 있게 투자할 수 있다는 말이다. 경기가 안 좋아도, 규제가 강해져도 강남 부동산이 꿈쩍도 하지 않는 이유는 강남 부동산을 보유한 사람들이 여유가 있기 때문이다. 가격이 떨어진다 해도 어차피 팔 생각이 없고, 보유세가 올라도 기분은 나쁘지만 세금 자체가 부담스럽지는 않다.

반면에 돈이 부족한 사람들, 손실이 나면 불안한 사람들, 노후자금을 늘리기 위해 초조한 사람들, 이런 사람들은 장기투자에서 성공하기 어렵다. 지금은 장기로 투자하겠다고 마음먹지만 시간이 지날수록 초조해지기 마련이다. 여유 있는 사람들과의 경쟁에서 이기기 힘들다.

돈의 주인이 되려면 평생 팔지 않겠다는 마음으로 평생 없어도 되는 돈으로 투자해라. 그래야 투자에서 자유로워지고 진정한 돈의 주인이 될 수 있다.

진정한 부자는 수익률보다 비용을 관리한다

투자자들의 직접적인 목표는 높은 수익이다. 하지만 미래의 수익률은 예측하기 어렵다. 때로는 높은 수익을 기록하기도 하지만 하루아침에 수익이 사라지기도 한다. 전문가들이 모여서 시장을 연구하고 종목을 분석해보지만 크게 달라지지 않는다. 사실상 투자 수익률은 누구도 알 수 없는 변수다. 이를 통제 불가능한 변수라 한다. 내가 뭘 어떻게 한다고 해서 달라지는 게 아니라는 말이다.

하지만 투자에서 통제 가능한 변수가 있다. 바로 비용이다. 투자상품, 투자 방법에 따라 비용이 다를 뿐 기본적인 금액이 정해져 있기 때문에 어디에 투자하는가, 어떤 투자 방법을 선택하는가에 따라 투자자 스스로 비용을 조절할 수 있다. '비용? 얼마 되지도 않는데 그걸 조절한다고 뭐가 달라지겠어? 수익률이 더 중요한 거 아냐?' 다들 이렇게 생각하며 비용 관리에 신경 쓰지 않는다. 하지만 장기투자에서 수익률에 가장 큰 영향을 미치는 요소가 바로 비용이다.

진정한 부자는
통제 가능한 변수에 집중한다

●

사업하는 사장들을 보면 사업이 잘될 때는 비용에 신경 쓰지 않는다. 비용을 아끼려다 사업이 어려워지는 것보다는 비용을 많이 쓰더라도 사업을 성장시키는 것이 더 중요하기 때문이다. 하지만 사업이 항상 잘되는 것은 아니다. 잘되던 사업이 한순간에 어려워지기도 한다. 사업이 어려워지는 데는 여러 가지 이유가 있겠지만 그중에 무시할 수 없는 이유가 바로 방만한 비용 지출이다. 사업이 잘될 때는 드러나지 않지만 방만한 비용 지출이 사업 실패의 원인이 된다.

투자도 마찬가지다. 시장 상황이 좋아서 주가가 계속 오를 때 비용을 고민하는 투자자는 없다. 하지만 장기적인 관점에서 보면 비용을 얼마나 잘 관리하는가가 투자 수익의 핵심이 된다.

투자를 할 때 어떤 비용이 얼마나 들어가는지 살펴보자. 주식을 사든 펀드를 사든 관계없이 투자를 시작하는 데는 수수료가 발생한다. 주식 투자에는 거래수수료가, 펀드 투자에는 판매수수료가 발생한다. 최근 국내주식 거래수수료를 면제해주는 증권사가 늘어나고 있지만 면제해주지 않는 경우 투자금액의 0.1~0.5% 내외의 수수료를 거래할 때마다 부담해야 한다. 펀드는 선취구조인가 후취구조인가에 따라 다르지만 평균적으로 1~2%의 판매수수료를 매년 부담해야 한다.

판매수수료 외에 운용수수료도 발생한다. 직접 주식을 사면 주식을 운용하는 주체가 투자자 본인이므로 운용수수료가 따로 들지 않는다. 하지만 펀드를 사면 투자를 운용사에 맡기게 되므로 운용수수료를 지불해야 한다. 상품과 방법에 따라 다르긴 하지만 운용하는 자산금액의 0.5~1% 내외의 운용수수료를 매년 부담해야 한다. 그리고 펀드 운용사가 적극적으로 운용하면서 주식을 자주 사고팔면 그로 인한 거래수수료도 증가하고 발생한 수수료는 결국 펀드의 수익을 깎아 먹을 수밖에 없다.

수수료와 더불어 세금도 내야 한다. 수수료는 금융회사에 내는 것이지만 세금은 국가에서 부과하는 돈이다. 현재 직접투자자에게는 증권거래세 0.25%를 부과하고 있고 펀드 투자자에게는 채권펀드에 대한 이자소득세, 해외펀드에 대한 배당소득세를 과세하고 있다. 이처럼 모든 투자에는 비용이 발생하는데, 이 비용이 투자 수익률에 영향을 미친다.

물론 비용 자체가 나쁘다는 것이 아니다. 비용을 들인 만큼 효과가 있다면 얼마든지 지불해도 좋다. 수수료율이 높은 펀드가 더 높은 수익을 낸다면 기꺼이 비용을 지불해도 된다. 하지만 비용 대비 효과가 없다면 깊이 고민해볼 필요가 있다. 결과적으로 보아도 수수료율과 수익률은 상관관계가 거의 없다. 더 높은 수수료를 낸다고 해서 더 좋은 결과를 얻기 힘들다는 말이다.

비용을 아끼려면
직접투자해라

●

금융의 기본은 고객의 돈을 굴려서 원금과 수익을 고객에게 지급하는 것이다. 하지만 고객에게 수익을 지급할 때 한국은행에서 새로 돈을 발행해서 지급하는 것이 아니다. 금융시장에 들어와 있는 누군가의 돈으로 지급한다. 결국 금융시장의 돈은 정해져 있으므로 고객에게 지급되는 수익은 누군가의 손실이고 그의 통장에서 빼온 것이다. 그렇다면 누군가는 수익을 가져가고 누군가는 손실이 발생하는데, 전체 금융시장을 놓고 볼 때 전체 고객이 낸 돈의 합과 전체 고객이 가져간 돈의 합계는 같아야 한다. 하지만 실제로는 그렇지 않다. 금융회사가 가져가는 수수료를 반영하면 전체 고객이 가져간 돈은 전체 고객이 낸 돈의 합계보다 더 적을 수밖에 없다.

고객이 가져간 돈 ≠ 고객이 낸 돈
고객이 가져간 돈 = 고객이 낸 돈 – 금융회사 수수료 – 세금

그렇다면 비용을 절약하는 방법은 무엇일까? 고민할 필요가 없다. 남에게 맡기지 말고 직접투자하면 된다. 남에게 맡긴다고 더 좋은 결과가 나오지 않는다는 걸 이미 증명했다. 따라서 간접투자의 비용은 직접투자함으로써 줄일 수 있다. 투자에 대해 모르고 투자 정보가 부족하다고 고민할 필요도 없다. 투자를 아는 사람이 더 좋은 결과를 내는 것이 아니라는 사실도 이미 증명했다. 따라서 정보의 부족은 누구나 인정하는 우량자산에 투자함으로써 해결할 수 있다.

결론적으로 말해서 우량자산에 직접투자하는 것이 비용을 줄이는 핵심 비결이다. 이것이 다른 투자 방법에 비해 덜 위험하고 더 큰 수익을 낼 수 있는 방법이기도 하다. 그렇다면 망설일 필요가 없다. 돈을 남에게 맡기지 말고 당신이 돈의 주인이 되어라. 그것이 수익은 물론이고 비용을 줄여서 더 큰 수익을 만들 수 있는 방법이 될 것이다.

진정한 부자는 시장보다 본인의 위험을 관리한다

"요즘 세계 정세가 불안한데 지금 투자를 해도 될까요?"

"반도체 가격이 하락하는데 지금 삼성전자를 사도 될까요?"

주식과 관련해서 가장 많이 받는 질문들이다. 대부분의 투자자들은 종목과 시장에 대한 정보를 얻길 원한다. 그런데 재미있는 사실이 있다. 여러 명의 투자자가 동일한 시점에 동일한 종목에 대해 동일한 정보를 얻었다면 그들의 수익률이 모두 같을까? 그렇지 않다. 외적인 조건이 모두 같더라도 투자자들의 개인적인 상황이 다다르기 때문에 수익률도 달라진다. 동일한 종목을 가지고도 수익을 내거나 손실을 보는 사람이 동시에 생긴다. 외적인 정보를 얻는 것도 중요하지만 개인의 상황을 파악하는 것이 더 중요한 이유다.

투자시장에는 위험이 존재하기 때문에 사람들은 투자시장의 위험을 관리해야 한다고 말한다. 그런데 투자시장보다 더 위험한 것이 있다. 그것은 바로 사람, 투자자 개인의 위험이다.

너 자신을 알라,
_테스형

●

주식시장은 매일, 매초 단위로 변동하는 시장이다. 가격이 흔들리면서 주가가 오르기도 하고 떨어지기도 한다. 주식시장 전체는 하루에 1~2% 내외로 흔들리고, 개별 종목도 ±3~5% 정도 흔들리는 것이 일반적이다. 하지만 주가의 흔들림을 바라보는 투자자는 조그만 흔들림에도 크게 반응하는 경우가 많다. 주가가 변동할 때 원칙과 이성보다는 감정적인 판단에 좌우되기 때문이다. 주가가 조금만 올라도 가슴이 두근거려서 매도를 고민하고, 조금만 떨어져도 초조해하다가 이내 투자를 중단하게 된다. 때로는 기대에 부풀어 투자금 전액을 올인하기도 하고, 때로는 실망감에 투자 자체를 포기해버리기도 한다. 하지만 투자를 할 때 감정적으로 판단하다 보면 스트레스만 늘어날 뿐, 투자에 성공하기는 어려워진다.

그럼에도 불구하고 적지 않은 투자자가 실패의 원인을 시장에서 찾으려 한다. 종목을 잘못 선택했다거나 악재가 터져서, 타이밍을 잘못 잡아서 등등. 정말 더 큰 원인은 감정에 이끌려 판단한 자기 자신에게 있는데 본인 때문에 실패했다는 사실을 깨닫지 못한다. 사람들은 시장을 두려워하지만 사실은 시장의 위험보다 사람의 위험이 더 크다. 투자에서 성공하려면 시장의 위험을 관리하는 것보다 투자자 본인이 가진 위험을 관리하는 것이 더 중요하다.

투자자 본인이 가진 위험을 관리하려면 자신에 대한 분석이 선행되어야 한다.

- 나의 투자 경험은 어느 정도인가?
- 나의 투자금액은 어느 정도인가?
- 나의 투자 기간은 어느 정도인가?

같은 투자를 하더라도 투자 경험이 많은 사람과 적은 사람은 판단이 달라진다. 수없이 등락을 반복하는 동안 투자 경험이 적은 사람은 하루에도 몇 번씩 천국과 지옥을 오간다. 반대로 투자 경험이 많은 사람은 늘상 있는 일이니 웬만한 등락은 무시할 수 있다.

투자금액이 얼마인지도 중요하다. 1천만 원을 투자한다고 해서 다 같은 판단을 하는 것이 아니다. 자산이 100억 원인 사람에게 1천만 원이라는 투자금액은 부담스럽지 않은 돈이지만 전 재산이 5천만 원밖에 없는 사람이 1천만 원을 투자한다는 것은 대단히 부담스러운 결정이다. 부담스럽지 않은 금액으로 투자한다면 약간의 손실이 생겨도 인내할 수 있지만, 부담스러운 금액이라면 적은 손실에도 투자를 포기하기 쉽다. 따라서 같은 금액이라하더라도 투자자의 재정 상황에 따라 판단이 달라지고 이로 인해 투자의 결과도 달라질 수밖에 없다.

투자 기간이 짧은 경우와 긴 경우도 투자 결과에 영향을 미친다. 투자 기간이 짧은 사람은 단기간에 투자 성과를 내기 위해 조바심을 낸다. 하지만 투자 기간에 여유가 있는 사람은 단기적인 등락에 연연할 필요가 없다. 당연히 둘의 투자 결과도 달라진다.

이처럼 투자자 본인의 상황에 따라 투자 결과는 180도 달라진다. 어떤 종목을 선택하는가, 시장 상황이 어떠한가 등 외적인 변수도 중요하지만 자신이 현재 어떤 상황인지가 더 크게 영향을 미친다. 돈의 주인이 되려면 먼저 나 자신을 알아야 한다. 나 자신을 분석하고 자신에게 맞는 투자 방법을 찾는 것이 장기적으로 투자에 성공하는 비결이다.

진정한 부자는 판매자가 아니라
전문가와 협의한다

돈의 주인이 되려면 우량주식에 장기투자하는 것이 바람직하다. 하지만 투자시장은 끊임없이 변화하고 투자 관련 제도도 수시로 바뀐다. 아무리 우량주 장기투자가 좋다 하더라도 어떤 종목이 더 우량한지, 언제 사는 게 더 유리한지, 비용과 세금은 얼마나 부담해야 하는지, 제도 변화와 관련해 유의해야 할 사항은 없는지 등등 점검하고 체크해야 할 사항이 적지 않다. 금융 전문가들조차도 시장 변화에 뒤처지지 않기 위해 끊임없이 교육을 받는다. 따라서 일반 투자자들도 정기적인 교육과 전문가의 조언이 필요하다. 그렇다면 어떤 사람이 전문가일까? 누구에게 조언을 구해야 할까?

지금까지 우리는 금융에 관련한 대부분의 조언을 은행에서 받아왔다. 은행에 있는 직원들을 전문가라고 판단했기 때문이다. 물론 은행에도 투자에 대해 많은 지식과 경험이 있는 직원이 있다. 그러나 은행의 시스템을 살펴보면 은행 직원은 구조적으로 투자 전문가가 되기 어렵다.

내가 안 해본 것을
남에게 권유할 수 없다

●

지난 수십 년간 은행은 가장 안정적인 직장이었다. 은행에 입사하면 최고의 급여가 보장되고 큰 사고만 없으면 정년까지 다니는 데 문제가 없었다. 어찌 보면 공무원보다 더 좋은 직장이다. 그리고 집을 살 때도 시중 대출금리보다 훨씬 낮은 금리, 때로는 무이자로도 대출이 가능했다. 즉 아무 위험 없이 대출을 받아서 집을 살 수 있었다. 퇴직할 때는 많은 퇴직금을 받을 수 있고, 조금 일찍 명예퇴직을 하면 수억 원의 명예퇴직금을 받아서 나올 수 있다. 평생 직장생활을 하면서 돈 걱정을 할 일이 없는 직업이다. 회사만 열심히 다니면 인생에 아무 문제가 없다. 따라서 은행 직원 스스로도 투자를 해본 경험이 없을뿐더러 투자의 필요성도 느끼지 못하는 경우가 비일비재하다.

상황이 이런데, 알지도 못하고 가입해본 적도 없는 투자상품을 고객에게 제대로 설명하기는 쉽지 않다. 더군다나 은행에 근무하면서 수십 년간 안정적인 예적금만 판매해왔다. '안전'이라는 단어가 무의식적으로 세뇌되어 있는데 '위험'한 투자상품을 판매하기란 정말 힘든 일이다. 평생 마라톤만 뛰어온 선수에게 갑자기 100미터 달리기를 하라는 것과 마찬가지다. 결국 고위험 투자상품은 거의 권유하지 못한 채 그나마 원금 손실 가능성이 낮은 상품을 저축처럼 판매할 수밖에 없다.

금융 전문가는
뭘 먹고 살까?

이와 같이 은행 직원이라고 해서 무조건 금융 전문가라고 판단하는 것은 큰 오산이다. 그중에 전문적인 지식을 공부한 뛰어난 전문가도 물론 있겠지만 그런 직원들은 일부에 불과할 뿐 은행원이란 구조적으로 금융 전문가가 되기 쉽지 않다. 결국 본사에서 만든 상품 안내문을 외워서 판매하는 판매자일 뿐이다. 그런 차원에서 증권사 직원이나 보험사 직원도 별반 다르지 않다.

그렇다면 은행, 증권, 보험사에 근무하지 않는 사람은 전문가일까? 그렇지도 않다. 대한민국에 존재하는 모든 금융 전문가는 전문가이기 이전에 판매자다. 따라서 금융 전문 지식을 제공하는 것처럼 보이지만 그들은 먹고살기 위해 상품을 판매하는 사람이라고 봐야 한다. 그들은 상품을 판매하기 위해 상담의 방향을 판매하는 상품 쪽으로 유도할 수밖에 없다.

세상에
공짜 상담은 없다

●

그렇다면 올바르고 객관적인 상담을 받으려면 어떻게 해야 할까? 방법은 하나다. 상담료를 지불해야 한다. 상담료를 지불하고 정보를 얻는다면 보다 더 올바르고 객관적인 정보를 얻을 수 있다. 상담을 하는 전문가 입장에서도 상담료를 받는다면 판매에서 자유로워질 수 있다.

대부분의 사람은 정보를 얻고자 돈을 지불하는 데 인색하다. '조금만 노력하면 좋은 정보를 얻을 수 있는데 굳이 돈까지 지불해야 할까?' 하는 생각을 하며 전문가를 만나기보다 본인 스스로 정보를 찾으려 한다. 하지만 이렇게 노력해서 얻은 정보가 정확하지 않다는 사실을 뒤늦게 깨닫게 될 것이다.

예를 들면 네이버 검색창에 궁금한 단어를 검색하면 관련 정보가 검색된다. 하지만 네이버에서 검색되는 정보가 과연 올바른 정보일까? 정보 자체가 틀린 경우도 많고 맞다 해도 일반적인 정보일뿐 나에게 맞는 정보는 아닐 수 있다. 그리고 그 정보를 게시한 게시자 대부분이 판매자다. 판매자가 올린 정보가 객관적이라고 보기는 어렵다.

세상에 공짜는 없다. 공짜로 정보를 얻었다면 어떤 경로로든 결국 더 큰 비용을 지불하게 될 것이다. 돈의 주인이 되기 위해 올바른 정보를 얻고 싶다면 그에 걸맞은 비용을 지불하라. 그런 투자자가 늘어나야 올바른 전문가 또한 늘어나게 된다. 공짜 정보를 좋아하는 사람이 늘어날수록 시장에는 판매자만 득실거리게 될 뿐이다.

그렇다면 어떤 사람에게 돈을 지불해야 하는가? 일반적인 경우에는 전문가를 선택할 때 학위, 자격증, 저서 등 외적으로 보이는 기준을 판단 근거로 제시한다. 필자는 학위도 있고 자격증도 있고 저서도 있다. 하지만 필자가 20년간 상담을 해본 결과 학위나 자격증만으로 전문성을 판단해서는 안 된다.

전문가를 구별하는 가장 중요한 판단 기준은 바로 경험이다. 얼마나 많은 상담 경험이 있는지가 중요하다. 몸이 아파 병원에서 수술을 받아야 한다면 어떤 의사를 찾는 게 좋을까? 서울대 의대를 갓 졸업하고 의사고시에서 수석을 한 의사에게 수술을 받는 것이 과연 좋을까?

학력과 점수 모두 최고지만 임상 경험이 없는 사람에게 생명을 맡길 수는 없다. 수술 경험이 많고 풍부한 임상 경험을 보유한 전문의에게 수술을 받아야 한다. 투자도 마찬가지다. 전문가를 판단하는 가장 중요한 기준은 학위나 자격증이 아니라 경험치다.

돈의 주인이 되고 싶다면 지금까지 이야기한 아홉 가지 투자 방법과 함께 경험 많은 전문가를 곁에 두고 끊임없이 조언을 구해야 한다.

대한민국은 삼성전자에 집중되어 있는
기형적인 자본주의 국가이므로
좋든 싫든 삼성전자에 투자할 수밖에 없다.

4장

부의 진리,
삼성전자를
사야 하는 이유

재테크 강의를 다니면서 느낀 점은, 아무리 좋은 강의를 해도 사람들이 가장 궁금해 하는 점은 정해져 있다는 사실이다.

"그래서 뭘 사야 됩니까?"

이런 질문을 던지는 청중에게 이렇게 답한다.

"무엇(what)에 투자하는지보다 어떻게(how to) 투자하는지가 더 중요합니다."

필자는 그렇게 배웠고 그렇게 강의해왔다. 그것이 진리인 줄 알았다.

그런데 자본주의 사회를 살아가면서 생각이 바뀌더니 점점 더 확실하게 다가오는 진실은 따로 있었다. 투자의 성패는 방법이 아니라 무엇을 사느냐에 따라 달라진다는 것, 그리고 과거에는 그 '무엇'을 찾기가 어려웠지만, 자본주의가 심화할수록 그 '무엇'의 범위가 점점 더 좁혀지고 선명해졌다는 사실이다. 이제부터 그 '무엇'의 정체에 대해 알아보고, 우리가 왜 그것에 투자해야 하는지 그 이유를 살펴보자.

기형 자본주의에선
삼성전자를 사라

1장에서는 자본주의 사회의 부익부빈익빈에 대해 설명했다. 2장, 3장에 걸쳐서는 왜 투자해야 하는지, 어떻게 투자해야 하는지에 대해 알아보았다. 그렇다면 이제 좀 더 구체적으로 무엇에 투자해야 하는지 알아보겠다.

대한민국은 부익부빈익빈이 가속되고 있는 자본주의 사회다. 이 명제에 동의한다면 우리가 투자해야 할 대상은 빈익빈이 아니라 부익부다. 부익부 중에서도 가장 앞선 기업에 투자할수록 더 유리해진다.

'부익부'에 편승하려면
삼성전자를 사라

●

대한민국에 좋은 기업이 많아 여러 개의 회사가 경쟁하고 있다면 투자자로서 고민이 될 것이다.

"어느 회사가 더 좋을까? 잘 모르니까 나눠서 투자할까?"

하지만 대한민국에서는 그런 고민을 할 필요가 없다. 즉 어떤

| 코스피 시가총액 상위 10개 기업 |

순위	종목명	현재가(원)	시가총액(원)	시가총액비중(%)
1	삼성전자	81,000	483,552,386,550,000	24.42
2	SK하이닉스	118,500	86,268,280,252,500	4.36
3	삼성전자우	73,600	60,564,461,120,000	3.06
4	LG화학	824,000	58,168,090,632,000	2.94
5	삼성바이오로직스	826,000	54,652,290,000,000	2.76
6	셀트리온	359,000	48,464,211,995,000	2.45
7	네이버	292,500	48,047,043,037,500	2.43
8	삼성SDI	628,000	43,184,124,840,000	2.18
9	현대차	192,000	41,024,291,904,000	2.07
10	카카오	389,500	34,446,038,562,000	1.74

자료 : 한국거래소(2020년 12월 30일 기준)

기업이 더 우량한지 되뇌어볼 필요가 없다. 이미 게임이 끝났기 때문이다.

표를 보면 우리나라 주식시장에 상장된 기업들의 시가총액 비중을 알 수 있다. 시가총액이란 주식 수에 주식 가격을 곱한 값으로, 오늘 현재 이 기업의 금전적인 가치를 나타내는 숫자다. 2020년 말, 1위를 차지하고 있는 삼성전자의 시가총액은 보통주와 우선주를 포함해 543조 원에 육박한다. 전체 주식시장의 24%다. 2020년 초에는 30%를 넘어서서 시가총액상한제 적용 대상이 될 뻔도 했다. 그렇다면 전체 시장의 1/4 정도를 차지하고 있

| 종합주가지수(코스피) 상승률(2016년 1월~2017년 12월) |

자료: 네이버

는 삼성전자가 실제 우리나라 주식시장에서 어떤 역할을 하고 있는지 알아보자.

2016년 1월부터 2017년 12월까지 2년간의 데이터를 보면, 대한민국 주식시장에 상장된 전체 기업의 평균을 나타내는 종합주가지수는 1,800P에서 2,500P까지 약 40% 상승했다. 주가지수는 주식시장에 상장된 모든 주식을 가중평균한 값이므로 전체 평균이 40% 정도 상승한 것을 의미한다. 그리고 국내 주가지수를 반영한 대부분의 펀드들도 같은 기간 40%에서 크게 벗어나지 않는 수익을 냈을 것이다. 그렇다면 전체 시장이 40% 상승하는 동안 대한민

| 삼성전자 주가 상승률(2016년 1월~2017년 12월) |

※ 삼성전자는 2018년에 1/50로 액면분할했는데 그림에는 당시 금액으로 표기했다.

자료: 네이버

국 1등 기업 삼성전자는 얼마나 올랐을까?

삼성전자는 2016년 1월에 108만 원이던 주가가 2017년 12월 쯤에 287만 원이 되었다. 무려 160% 넘게 상승했다. 전체 평균 40%와 비교했을 때 평균보다 4배 상승한 것이다.

삼성전자가 160% 오르는 동안
다른 종목들은 얼마나 올랐을까?

●

여기서 한 가지 궁금증이 생긴다. 삼성전자도 국내 기업이므로 국내 주식시장에 상장되어 있다. 그렇다면 전체 주가지수를 산출할 때 삼성전자 주가도 반영되므로 삼성전자의 주가가 오른 것이 전체 주가지수 평균에 영향을 미쳤을 것이다. 그렇다면 삼성전자 한 종목이 국내 주가지수가 40% 오르는 데 얼마나 기여했을까? 삼성전자가 160% 오르는 동안 다른 종목들은 얼마나 올랐을까?

그 답은 삼성전자의 시가총액 비중을 계산해보면 나온다. 대한민국 종합주가지수는 시가총액을 가중평균해 산출하므로 시가총액이 크면 클수록 기업이 주식시장에 미치는 영향력은 커진다.

2017년 당시 삼성전자의 시가총액 비중은 전체 주식시장의 대략 25%를 차지하고 있었다. 전체 시장의 1/4을 차지하고 있는 삼성전자가 약 160% 올랐고, 같은 기간 전체 주식시장은 40%가 올랐다.

그렇다면 전체 주식시장 상승률 40% 중에서 삼성전자가 얼마나 기여했는지 계산해보자.

구분	삼성전자	기타 종목	계/평균
비중	25%	75%	100%
상승률	160%	X	40%

표에서 X값을 계산하는 식은 다음과 같다.

$$(160\% \times 25\%) + (X \times 75\%) = 40\%$$

$$X = 0$$

답은 0이다. 복잡하게 생각할 필요 없다. 4명의 학생 중 3명의 성적이 빵점인데 1명이 160점을 맞으면 전체 평균은 40점이 된다. 같은 기간 동안 다른 종목들은 수익을 전혀 내지 못했고 오로지 삼성전자 한 종목이 160% 오른 덕택에 전체 주가지수가 40% 상승했다는 말이다. 삼성전자 혼자서 주가지수를 전부 올려놓은 형국이다.

만약 주가지수 산출 시 삼성전자를 뺀다면 2016년 초부터 2017년 말까지 2년간 종합주가지수 상승률은 0%가 된다. 삼성전자를 제외하면 다른 기업들은 전혀 성장하지 못했다는 뜻이다. 결국 삼성전자 쏠림 현상이 심해지면서 시장이 부익부빈익빈을 증명해버린 셈이다.

상기 내용은 삼성전자와 비(非)삼성전자로만 구분한 결과일 뿐이므로 삼성전자를 제외한 모든 기업들이 성장하지 않았다고 단정할 수는 없다. 실제로 삼성전자 한 종목만 주가가 상승한 것은 아닐 테고, 시가총액 상위권에 드는 대기업들은 어느 정도 성장하고 주가가 상승했을 것이다. 그렇다면 더더욱 확실해지는 사실은, 시가총액 하위권에 있는 중소기업들의 수익률은 '0'이 아니라 '마이너스'가 된다는 것이다. 이는 대한민국 전체 기업 중 대기업 일부를 제외한 여타 기업들은 점점 더 어려워지고 있음을 의미한다. 모두 함께 어려운 것이 아니라 중소기업들만 어렵다. 부익부가 강화되고 빈익빈도 심화되고 있다.

우리는 지난 10여 년간 위험을 줄이고 수익을 높이기 위해 분산투자하라고 배워왔다. 하지만 실상을 놓고 보면 그동안 우리가 진리처럼 여겨왔던 이론에 의문을 품을 수밖에 없다. 분산투자를 했던 대한민국 국내 펀드의 성과를 보면, 삼성전자를 편입했는가, 하지 않았는가의 결과일 뿐이었다. 삼성전자를 많이 편입한 펀드는 높은 수익을 냈고 삼성전자를 적게 편입한 펀드는 큰 수익을 내지 못했다. 여기서 필자는 매우 중요한 질문을 던지고 싶다. 부익부빈익빈이 갈수록 심화하는 자본주의 사회에서 분산투자를 하는 것이 좋을까? 아니면 1등 종목에 집중투자하는 것이 좋을까? 서울 강남

부터 시골 촌까지 전국 각지에 부동산을 분산해서 사는 것이 좋을까? 아니면 강남 부동산만 사는 게 좋을까?

분산투자를 신봉했던 지난 10여 년간의 결론이다. 분산투자하는 것보다 1등 주식, 강남 부동산에 집중투자하는 것이 더 좋았다. 그리고 앞으로는 더더욱 그럴 것이다. 그 이유는 간단하다. 지금 우리가 사는 사회는 부익부빈익빈이 심해지고 있는, 자명한 자본주의 사회이기 때문이다.

대한민국은 답이
정해져 있는 나라다

●

대한민국은 자산관리가 필요 없는 나라다. 부동산을 사려면 강남에 사면 되고, 주식을 사려면 삼성전자를 사면 된다. 뭐든지 다양하게 분포되어 있어야 관리나 고민이 필요한데, 사회 자체가 기형적으로 편중된 나라이다 보니 고민할 필요가 없다.

대한민국은 학교 교육도 아주 간단한 나라다. 초중고 모든 교육의 목표가 시험 점수를 높여서 서울대 의대, 법대를 보내는 것이기 때문이다.

원래 학교 교육의 본질은 다양한 교육과정을 통해 학생들 저마다의 재능을 발굴하고 그 재능을 계발할 수 있도록 맞춤형 교육을 하는 것이다. 맞춤형으로 해야 하기 때문에 교육이 어렵고 힘들고 중요한 것이다. 교사들에게도 학생들의 재능을 발견하고 성장시킬 수 있는 다양한 경험과 연수가 필요하다.

그러나 실상은 그렇지 않다. 지금 교사에게는 다양한 경험과 연수가 필요 없다. 명문대만 보내면 된다. 교사의 능력이 명문대를 몇 명 보냈는가로 평가되는 상황에서는 문제 푸는 기술만 가르치면 된다. 대한민국 모든 교사가 한 가지만 잘하면 된다.

삼성전자가 좋아서 삼성전자를 추천하는 게 아니다. 자산관리 차원에서 삼성전자를 추천하는 것도 아니다. 분산투자 측면에서 삼성전자를 포트폴리오에 담으라는 이야기가 아니다. 대한민국은 삼성전자에 집중되어 있는 기형적인 자본주의 국가이므로 좋든 싫든 삼성전자에 투자할 수밖에 없다. 기왕 할 거라면 나중에 뒷북치지 말고 하루라도 더 빨리 하는 것이 좋다.

삼성전자,
가장 안전하고 유리한 자산

삼성전자 주식을 사라고 했더니 이런 질문을 많이 들었다.

"언제 사고 언제 팔아야 하나요?"

"삼성전자 말고 다른 종목은 어떤가요?"

필자가 삼성전자를 사라고 하는 이유는 삼성전자 주식을 사고 팔아서 매매차익을 내자는 것이 아니다. 삼성전자 주식을 돈벌이의 수단으로 보지 말고 장기적으로 삼성전자의 주주가 되자는 말이다. 왜냐하면 현재 대한민국 사회에서 우리가 보유할 수 있는 자산 중에 가장 안전하고 유리한 자산이기 때문이다.

삼성전자,
부동산의 대안

●

지난 수십 년간 대한민국에서 가장 효과적인 재테크 수단은 부동산
이었다. IMF 때나 금융위기 시절을 제외하고는 변함없이 안전하
고 꾸준히 상승해온 게 부동산 가격이었다. 설령 가격이 하락한다
해도 최후의 수단으로 집에 들어가 살면 된다. 전세 임대를 하면 목
돈이 생기기도 하고, 월세를 놓으면 매달 따박따박 소득이 생기기
도 한다. 이보다 더 좋은 투자 대상이 어디 있을까? 그래서 대한민
국에서는 부동산 투자가 가장 효과적인 재테크 수단이 되어왔다.

　그런데 최근 들어 그 흐름이 깨졌다. 부동산 규제는 날로 강화되
었고, 저성장과 인구 감소에 따라 부동산 가격의 상승도 한계에 다
다랐음이 느껴진다. 다들 눈치를 보고 있지만 대부분 이렇게 생각
할 것이다. 그래서 사람들은 다른 대안을 찾고 있다. 부동산을 대
체할 수 있는 대안 말이다.

　가장 안전하다고 생각하는 은행에 돈을 묻어두려고 보니 금리
가 너무 낮다. 2021년 상반기 기준금리가 0.5%, 실제 지급되는 금
리도 세금을 제하고 나면 1%를 넘기 어렵다. 은행에는 더 이상 답
이 없다. 그렇다고 주식 투자를 하려니 너무 큰 위험을 감수해야
한다. 젊어서도 하기 두려운 주식 투자를 나이 들어서 하자니 혹
떼려다 혹 붙이는 꼴이다.

필자가 수많은 상담에서 "좋은 대안이 없을까요?"라는 질문을 받으며 찾아낸 대안이 바로 삼성전자 주식이다.

삼성전자는 가장 우량한 자산이다

삼성전자는 세계 1위의 메모리 반도체 제조회사다. 메모리 분야에서 부동의 1위를 지키고 있으며 비메모리 분야까지 사업영역을 확장하고 있다. 다른 국가의 반도체 회사들과 치열한 경쟁을 하고 있지만 시장에서 경쟁은 당연한 것이고, 경쟁에서 이길 수 있는 충분한 자본력을 보유하고 있다. 더군다나 대한민국에서 가장 공부 잘하고 똑똑한 친구들이 매년 수천 명씩 삼성전자에 입사한다. 현금 100조 원이 넘는 엄청난 자본과, 가장 우수한 인재들을 보유한 회사다.

만약에 당신에게 1억 원 정도의 자금이 있다면 자신의 자본과 능력으로 개인 사업을 하는 것이 좋을까? 아니면 현금 100조 원과 최우수 인재들이 모인 삼성전자의 사업에 동참하는 게 좋을까? 답은 뻔하다. 고생해가면서 자기 사업을 할 필요가 없다. 삼성전자를 놔두고 굳이 내가 위험을 감수할 필요가 없다. 얼마 되지도 않는 자본으로 시장에서 스트레스받으며 경쟁할 필요가 없다.

삼성전자는 가장
안전한 자산이다

●

삼성전자에 일정 기간 투자해본 사람들이 공통적으로 하는 이야기가 있다.

"분명히 주식 투자를 하고 있는데 발 뻗고 잘 수 있어요."

삼성전자의 주가 흐름을 보면 큰 변동이 없다. 호재가 있다고 해서 하루아침에 폭등하는 것도 아니고 악재가 있다고 해서 폭락하지도 않는다. 투자자 입장에서 매일 주가 변동에 일희일비하지 않게 되고 그래서 더더욱 장기로 투자할 수 있다.

더불어 앞서 이야기했듯이, 삼성전자는 대한민국 전체 주식시장의 20~25%를 차지한다. 2등인 회사의 비중이 5% 이내인 것을 감안하면 1등과 2등의 차이가 천지차이다. 게임이 되지 않는다. 다행인지 불행인지 모르겠지만 대한민국 주식시장에서 삼성전자 한 종목에 편중이 심하다는 뜻이다. 다시 말하면 대한민국은 삼성전자의 흥망성쇠와 그 궤를 같이할 수밖에 없는 구조다.

삼성전자가 망하면 단지 주식시장에만 문제가 생기는 것이 아니라 대한민국의 고용시장이 붕괴되고, 고용시장이 붕괴되면 내수시장도 붕괴되고, 내수시장이 붕괴되면 부동산 시장도 붕괴된다. 좀 더 직설적으로 말하자면, 삼성전자가 망하면 삼성전자에 투자한 사람이나 그러지 않은 사람이나 어차피 다 망한다. 그러니 걱정할 필요 없다. 다 같이 망한다는데 걱정할 필요가 없다니 무슨 소리냐고? 삼성전자 주식의 절반 이상을 외국인이 보유하고 있는 이유가 다 있다.

삼성전자는 수익성이
가장 좋은 자산이다

●

삼성전자에 투자하면서 주가가 오르기를 기대하지만, 주가가 오르지 않아도 나쁠 것이 없다. 배당이 있기 때문이다. 삼성전자는 삼성전자 주식을 보유한 주주에게 분기마다 배당을 한다. 배당률은 매년 달라지지만 삼성전자의 영업이익에 큰 영향이 없는 한 은행 이자보다 높은 수준으로 배당을 하고 있다. 더군다나 앞으로는 주주에 대한 배당 요구가 점점 더 강화될 것이므로 배당성향은 더 좋아질 것이다. 그렇다면 굳이 은행에 돈을 묻어둘 이유가 없다. 삼성전자 주식을 보유하고 있으면, 주가가 올라도 좋고, 주가가 오르지 않아도 배당을 받아서 좋다. 오르면 더 좋고 오르지 않아도 월세를 받으면 되는 부동산처럼 말이다.

매매차익을 보기 위해서가 아닌, 세계 최고의 반도체 회사 삼성전자의 주주가 되기 위해 삼성전자 주식에 투자하자. 내가 거주할 목적으로 내 집을 사듯이, 내가 주인이라는 생각으로 삼성전자의 주식을 매수하자. 자본주의 사회에서 1등 회사의 주주가 되면 내 자산은 더더욱 안전해지고 견고해진다. 물론 시간이 지났을 때 자연스럽게 더 높은 수익을 달성하게 될 것이다.

지난 10년간 자녀 교육비로
삼성전자를 샀다면?

대한민국에서 자녀를 가진 대부분의 부모는 자녀의 사교육비에 엄청난 지출을 해왔다. 하지만 엄청난 사교육비를 지출한다고 해서 모든 자녀가 명문대를 가지는 않는다. 경쟁 사회에서 뒤처지지 않으려고 불안한 마음을 달래준 것일 뿐, 사교육비를 지출한 것에 비해 실제 효과는 별 볼 일 없는 경우가 더 많다. 그렇다면 지난 10년간 자녀를 학원에 보내지 않고 삼성전자 주식을 사주었다면 어떻게 되었을까? 지나간 일이지만, 후회해봤자 소용 없겠지만, 그래도 한번 알아보자. 궁금하니까.

자녀를 학원에 보내는 일반적인 가정은 한 자녀당 보통 100만 원 정도의 학원비를 지출한다. 100만 원의 학원비는 여유 있는 일부 자산가층에서 지출하는 금액이 아니다. 한 과목 학원비가 보통 월 20만~30만 원 정도인데, 영어, 수학 2과목은 기본이고 국어, 역사, 과학 등 과목을 추가하면 100만 원이 훌쩍 넘는다. 여기에 악기나 운동 등 일부 취미 및 예체능 과외까지 추가하면 비용은 더 증가한다. 어린이라고 비용이 더 적게 들어가는 것도 아니다. 사립유치원을 보내는 데 매달 50만 원 이상이 들어가고 영어유치원을 보내면 비용이 2배 이상 증가한다. 결국 사교육을 포기하지 않는 이상 평균적으로 시킨다고 해도 월 100만 원은 그다지 잘 시키는 편이 아니다.

자녀 학원비 대신 한 달에 100만 원씩 삼성전자 주식을 샀다면 어떻게 되었을지 10년 전으로 돌아가보자. 2010년 1월의 삼성전자 주가는 액면분할 전 기준으로 80만 원이었다. 그리고 2020년 12월 삼성전자의 주가는 액면분할 전 기준으로 400만 원(1/50 액면분할 후 기준 8만 원)을 오르내리고 있다. 주가 기준으로 5배가 상승했다. 10년 전에 일시불로 삼성전자를 매수했다면 5배 이상의 수익이 났겠지만 매달 꾸준히 적립식으로 매수했으므로 수익률은 달라질 것이다. 물론 액면분할 이전에는 100만 원의 금액으로 1주도 살 수 없는 상황이었지만 소수점 기준으로 매수했다고 가정해보자. 또한 자녀 이름으로 주식을 사주었을 때 발생하는 증여세는 고

| 삼성전자 주식을 10년간 매월 100만 원씩 매수했다면 |

날짜	삼성전자 주가	투자금액	매수주식 수
2010.01.01	1만 6,180원	100만 원	62
2010.02.01	1만 5,540원	100만 원	64
2010.03.01	1만 5,400원	100만 원	65
2010.04.01	1만 6,900원	100만 원	59
2010.05.01	1만 6,580원	100만 원	60
2010.06.01	1만 5,360원	100만 원	65
...			
2019.07.01	4만 6,600원	100만 원	21
2019.08.01	4만 5,200원	100만 원	22
2019.09.01	4만 3,800원	100만 원	23
2019.10.01	4만 8,850원	100만 원	20
2019.11.01	5만 1,200원	100만 원	20
2019.12.01	5만 400원	100만 원	20
합계		1억 2천만 원	4,456

려하지 않았다.

표를 보면 매달 100만 원씩 10년간 매수했으므로 총 투자한 원금은 1억 2천만 원이다. 매달 주가가 변동하므로 동일한 금액으로 매수할 수 있는 주식 수는 매달 달라진다. 이렇게 10년간 매수한 결과 보유한 총 주식 수는 4,456주가 되었다. 보유주식 수가 고정되어 있으므로 이제 주식 수에 현재 주가를 곱하면 나의 투자 잔액을 알 수 있다. 2020년 말 주가가 8만 1천 원 정도이므로 4,456주×81,000원=3억 6천만 원이 된다. 원금 대비 수익률은 300%다. 이 금액을 은행 적금의 단리 이자율로 환산하면 10년간 연수익률이 30%에 달한다. 수익률도 높지만 더 중요한 것은 세금도 없다는 점이다. 국내주식은 10억 원 미만 소액주주의 매매차익에 대해 전액 비과세하기 때문이다.

수익률은 물론이고
배당은 덤이다

●

주식 수익률도 높지만 배당도 무시할 수 없다. 2010년 당시에는 배당성향이 낮아서 그리 높은 배당을 받지 못했지만 2017년 이후 배당성향이 높아지면서 현재는 평균주가 대비 3% 안팎의 배당률을 보이고 있다. 2020년에는 분기별로 보통주 1주당 354원을 배당했고, 연말에 1,578원을 추가로 특별 배당함으로써 연간 배당금 합계가 2,994원에 이른다. 4,456주를 보유하고 있었다면 2020년 한 해에만 약 1,334만 원의 배당금을 받을 수 있었다. 보유한 투자잔고 3억 6천만 원에 비해 3%가 넘는 수익률이고, 투자한 원금 1억 2천만 원에 비해서는 11%가 넘는 수익을 배당으로 받은 것이다.

10년간 꾸준히 매수한 주식을 이제 갓 20살이 된 자녀가 보유하고 있다고 생각해보자. 20세에 자산 규모 3억 원, 세계 최고의 반도체 기업 삼성전자 주식을 4,456주 보유하고 있다. 서울대 안 다녀도, 외제차 안 타고 다녀도 일단 레벨 자체가 다르다. 여기에다 대학 생활을 하는 동안 본인이 아르바이트를 하면서 꾸준히 삼성전자 주식을 매수한다면 20대 중후반 사회생활을 시작할 때 그는 이미 3억~4억 원, 5천~6천 주가 넘는 삼성전자 주식을 보유하게 될 것이고 매년 1천만 원 내외의 배당을 수령하게 될 것이다. 다른 친구들은 돈 한 푼 없이 사회생활을 시작할 때 그는 이미 출발선 자체가 다르다. 다른 친구들이 삼성전자의 종이 되려고 치열하게 경쟁하고 있을 때 그는 이미 삼성전자의 주주가 되어 이재용 부회장 앞에서 당당히 의결권을 행사하고 있을 것이다.

실제 이런 사례는 거의 없고, 책을 쓰는 저자조차도 이에 해당되지 않는다. 하지만 생각만 해봐도 뿌듯한 상황이다. 이 모든 상황이 우량기업에 꾸준히 투자한 결과다. 삼성전자에 이어 앞으로 국내에도 여러 우량기업들이 나올 것이다. 그렇다면 이제 과감히 학원을 포기하고 우량주식에 장기투자 한번 해볼 만하지 않을까? 사교육에 올인하고 있는 이 시대 학부모들의 현명한 선택을 기원한다.

삼성전자 주식을
매일 사면 어떻게 될까?

삼성전자 주주가 되기 위해 삼성전자 주식을 매수하지만 실제로
주식을 매수하게 되면 누구나 하는 고민이 있다.

"지금 사야 할까? 좀 이따가 살까?"

"한 번에 다 살까? 아니면 적립식으로 나눠 살까?"

이런 고민을 하지 않는 게 비정상이다. 하지만 이 질문에 대한
답은 뻔하다. 앞으로 주가가 오른다면 지금 모든 금액을 다 사는
게 좋다. 하지만 앞으로 주가가 떨어진다면 조금 기다렸다가 천천
히 여러 번에 걸쳐 나눠 사는 게 좋다. 그런데 문제는 앞으로 주가

가 어떻게 될지 알 수가 없다. 누군가가 답을 준다면 그는 전문가가 아니라 사기꾼일 가능성이 더 크다. 시장을 예측하는 관점에서는 아무도 정답을 알 수 없지만 사람을 연구하면 답이 있다.

한 번에 사지 말고
나눠서 사라

●

한 번에 전부를 사는 것보다 나눠 사는 것이 좋다. 왜 그럴까? 그 이유를 행동경제학에서 찾을 수 있다. 행동경제학에서 말하는 프로스펙트 이론 중 '손실회피성'이라는 개념이 있다. 2002년 미국 프린스턴대학교 대니얼 카너먼 교수가 노벨 경제학상을 수상한 이론이다.

손실회피성 이론이란 '사람들은 같은 금액이라 하더라도 이익에서 얻는 기쁨보다 손실에서 오는 고통을 더 크게 느낀다'는 것이다. 수익은 조금 적어도 괜찮지만, 손실은 조금이라도 생기면 불안해하고 이것이 올바른 투자 결정을 방해한다는 것이다. 이 이론을 증명하기 위해 재미있는 테스트를 해보자.

다음 그림에서 보이듯이 1천만 원을 벌 수 있는 확률이 60%이고 500만 원을 벌 수 있는 확률이 100%라면, 당신은 어떤 것을 선택하겠는가?

전자는 60%의 확률이지만 1천만 원을 벌 수 있으므로 기대수익은 1천만 원×60%=600만 원이다. 후자는 100%의 확률로 500만 원을 벌 수 있으므로 기대수익은 500만 원×100%=500만 원이다. 수학적으로 보면 전자를 선택해야 한다. 하지만 대부분의 투자자들은 후자를 선택할 것이다. 수익이 적더라도 확실한 수익을 원하기 때문이다.

이번에는 반대의 질문을 던져보겠다. 1천만 원을 잃을 확률이 60%이고 500만 원을 잃을 확률이 100%라면 어떨까?

전자는 60%의 확률이지만 1천만 원을 잃을 수 있으므로 기대손실은 −1천만 원×60%=−600만 원이다. 후자는 100%의 확률로 500만 원을 잃게 되므로 기대손실은 −500만 원×100%=−500만

원이 된다.

후자가 기대손실이 더 적으므로 수학적으로 보면 당연히 후자를 선택해야 한다. 그리고 첫 번째 문제에서와 동일한 생각을 유지한다면 당연히 후자를 선택해야 한다. 하지만 대부분의 투자자들은 전자를 선택한다. 손실이 더 클 수 있음에도 불구하고 확실한 손실은 피하려고 하는 것이다.

이것이 대부분의 투자자들이 손실을 보고 있는 종목을 과감히 손절하지 못하는 실제 이유이기도 하다. 지금 손절하면 손실이 100% 확정되지만 일단 팔지 않고 보유하고 있으면 회복될 것이라는 막연한 희망이라도 있기 때문이다. 손실회피성 이론의 결론은 다음과 같다.

- 수익은 적더라도 확실한 것을 선택하지만, 손실은 적더라도 확실한 것은 피한다.
- 수익은 10%만 나도 만족하면서 팔 수 있다. 그런데 손실은 -10%가 나면 못 판다.

이 실험의 결과를 인정한다면 삼성전자 주식을 살 때 한 번에 다 사는 것보다 나눠 사는 것이 유리하다. 1천만 원 전부를 한 번에 다 투자한다면, 주식을 매수한 시점부터 오르기만 바라야 한다. 만약 주가가 떨어지기라도 한다면 불안한 마음에 두려움과 고통이 커지게 된다.

"한 번에 다 사지 말 것을, 괜히 다 사버렸네. 손실이 생겼는데 어떡하지?"

1천만 원 중 절반인 500만 원만 매수했다면 어떻게 될까? 주식을 매수한 이후에 주가가 올랐다면 남은 500만 원을 추가적으로 매수하기는 쉽지 않을 것이다. 오르는 주가를 보며 후회가 될 수도 있다.

"한 번에 다 샀으면 더 많은 수익을 냈을 텐데…."

하지만 수익을 적게 낸 것에 대한 고통이 손실이 발생한 것에 대한 고통보다 훨씬 적다. 절반만 매수한 경우에는 주가가 떨어져도 괜찮다. 아직 추가적으로 매수할 자금이 남아 있기 때문이다. 행동경제학, 투자자의 행동 패턴을 연구하면 나눠 사는 게 훨씬 마음 편하고 더 안전하다.

주식을 한 번에 사지 않고 나눠 사는 게 좋다면 또 다른 고민이 생긴다. '얼마나 자주 나눠 사야 할까?' 그리고 '매일 살까, 매달 살까?' 하는 고민이다. 다음 표는 2018년 1월부터 2년 동안 삼성전자 주식을 매일 1주씩 샀을 때, 매월 20주씩 샀을 때, 매 분기 60주씩 샀을 때를 비교한 표다.

실제 시뮬레이션을 통해 기간별로 사는 것을 비교해보면 사실상 수익률에는 큰 차이가 없음을 알 수 있다. 단기적으로 보면 약간의 차이가 발생할 수 있지만 장기적으로 보면 결국 비슷해진다.

| 매수주기를 다르게 했을 때의 결과 비교 |

매수주기	매수금액	수익금액	수익률
매일 1주	2,406만 2,350원	470만 1,650원	19.5%
매월 20주	2,398만 5,810원	477만 8,190원	19.9%
매 분기(3개월) 60주	2,382만 4,720원	493만 9,280원	20.7%

그렇다면 아무렇게나 사도 될까? 이 질문에 대한 답 역시 숫자 비교보다는 인간의 행동패턴을 통해 답을 찾을 필요가 있다. 숫자를 분석하면 큰 차이가 없지만 사람을 연구하면 답이 달라진다.

매일, 매주 등 너무 자주 사는 것은 바람직하지 않다. 매일 사려면 주식을 매일 봐야 한다. 매일 주식을 보다 보면 매일 수익을 계산하게 되고 주가의 흔들림에 따라 일희일비하게 된다. 주가는 1분 동안에도 수십 번 변하는데 매번 조금이라도 싸게 주식을 매수하기 위해 컴퓨터와 씨름한다면 며칠 못 가서 스트레스로 쓰러질 것이다. 그리고 하락기에 매일같이 떨어지는 주가를 바라보고 있으면 아무리 마음을 다잡는다 해도 평정심을 유지할 수 없을 것이다. 투자는 결국 인내심의 싸움인데, 이렇게 매일 주식을 보는 것은 장기투자에 방해가 될 뿐이다.

특히 매일 주식을 사다 보면 자연스레 다른 종목이 눈에 들어오기 시작한다. 주식 관련 뉴스도 자주 보게 되면서 생전 몰랐던 회사들에 관심을 갖게 된다.

"삼성전자보다 카카오가 더 많이 오르던데…."

"2차 전지나 수소차 관련 주식을 사볼까?"

종목을 비교하기 시작하고 삼성전자보다 더 많이 오르는 종목을 보면 아쉬움이 솟구친다. 그리고 얼마 지나지 않아 내 주식 계좌에 종목이 늘어나기 시작한다. 이 과정을 통해 원래 시작했던 투자의 기본은 온데간데없고 단기 수익만을 좇게 된다.

삼성전자 주식을 사라는 것은 단기 수익을 목적으로 주식 투기를 하자는 것이 아니다. 삼성전자의 주주가 되어 우량자산을 장기적으로 보유하자는 것이다. 그러기 위해서는 너무 자주 주식을 매수하는 방법은 바람직하지 않다. 매월 또는 분기별로 정해진 시점이 되면 스스로 정해놓은 금액이나 주식 수를 꾸준히 매수하는 습관을 들이는 게 좋다. 물론 생각처럼 쉽지는 않을 것이다. 하지만 주식에 빠져 투기로 전락하지 않으려면 단단히 마음먹고 시작해야 한다.

삼성전자를 사면
안 되는 사람들

'부익부빈익빈, 삼성전자를 사라'라는 유튜브 영상 조회수가 늘어나면서 삼성전자 매수에 관한 문의 전화가 하루에도 몇 통씩 걸려온다. 평소에 주식 투자를 해본 분들도 있지만 대부분이 주식 투자경험이 없는 분들이다. 그분들의 전화 10통 중 절반 이상의 사람들에게 삼성전자 주식을 사지 마시기를 설득한다. 왜냐하면 삼성전자를 살 준비가 되지 않은 분들이 주식을 사면 그분들도 손해고 삼성전자 주가에도 좋지 않기 때문이다.

　다음 소제목들은 삼성전자를 사면 안 되는 사람들이 자주 묻는 질문 리스트다. 이런 질문을 한다는 것은 아직 주식을 살 준비가 되지 않았다는 뜻이니 혹시 이 책을 읽는 독자 중에도 아래 질문을 하려던 사람이 있다면 가급적 삼성전자 주식을 사지 마시길 부탁 드린다.

사면 안 되는 사람의 질문 1:
"은행 적금보다 좋은가요?"

●

지금껏 은행만 거래하다가 은행금리가 너무 낮아지니 다른 대안을 찾고 있는 사람이다. 평생 은행만 거래했기 때문에 원금 보장이 되지 않는다는 것은 상상도 해본 적이 없다. 은행 외에 다른 대안을 찾고 있지만 원금 보장도 되면서 예적금보다 금리가 높기를 바란다. 삼성전자가 좋다고 하니 은행 예적금과 비교해서 얼마나 더 좋은지를 궁금해한다.

하지만 은행 예적금과 주식 투자는 비교 대상이 되지 못한다. 무엇이 좋고 무엇이 나쁜지를 떠나서 서로 완전히 다른 것이므로 비교를 한다는 것 자체가 의미 없다. 은행을 떠나서 원금 보장에 미련을 버리고 투자를 시작한다면 투자에 대한 설명이 의미 있겠지만, 은행 예적금보다 삼성전자 주식이 얼마나 더 좋은지를 비교하는 것 자체가 아직 투자 준비가 되어 있지 않은 것이다.

이 경우에 해당한다면 투자를 시작하는 것은 매우 위험하다. 조금이라도 손실이 발생하면 지레 겁먹고 주식시장을 떠날 사람이다. 아예 시작조차 하지 않는 것이 좋다. 만약에 진짜로 삼성전자 주식을 매수할 생각이라면 은행이 안전한 곳이라는 생각을 버리고 은행을 떠나야 한다. 주식에 투자해 손실을 보는 것보다 은행에서 1~2% 이자를 받는 것이 더 위험하다는 사실을 깨달아야 한다. '은행은 안전한데 주식 투자는 위험하다'는 생각을 하고 있다면 아직 투자를 시작할 준비가 되지 않았다. 경험 삼아 주식을 조금 해보다가 언제라도 다시 은행으로 돌아갈 준비가 되어 있다면 결국 투자에 실패할 것이다.

사면 안 되는 사람의 질문 2:
"손해 보면 어떡하나요?"

●

투자를 하면 수익률이 높을 수도 있지만 반대로 손실이 발생할 가능성도 있다. 수익이 높을수록 위험도 높아지기 때문이다. 우량종목에 투자한다고 해서 위험이 없는 건 아니다. 아무리 좋은 주식이라 하더라도 주가의 등락에 따라 손실이 발생할 수 있고 기업가치가 아무리 좋다 해도 국가나 세계 경기에 따라서 주가가 영향을 받기도 한다. 그럼에도 불구하고 주식 투자를 시작하면서 손실을 겪정한다면 아직 투자를 시작할 준비가 되지 않았다.

투자 경험이 없는 사람들은 투자한 종목의 주가가 떨어지면 불안해한다. 물론 기업가치가 불안한 회사의 주가가 떨어진다면 하루라도 빨리 매도해야 한다. 하지만 우량종목의 주가가 떨어지는 것은 불안해할 필요가 없다. 좋은 회사의 주식을 더 싸게 매입할 수 있는 절호의 찬스이기 때문이다. 손실이 두렵다면 투자를 시작해서는 안 된다. 하지만 손실에 대처하는 방법을 알고 있다면 투자를 통해 위기를 기회로 만들 수 있다.

사면 안 되는 사람의 질문 3:
"언제 사야 하나요?"

●

삼성전자 주식에 투자하려는 사람이 이런 질문을 던진다면 우량자산에 대한 모독이다. 삼성전자 투자는 뒷산이 아니라 히말라야에 오르는 것과 같다. 단기적으로 몇% 수익을 내려는 것이 아니라 시간이 걸리더라도 더 큰 목표를 가지고 장기적인 안목으로 해야 한다. 그런데 히말라야를 올라가려고 하는 사람이 1m 더 먼저 출발하느냐 더 늦게 출발하느냐 고민하고 있다면 그는 히말라야를 올라갈 자격이 없다.

단기투자를 통해 수익을 내려면 타이밍도 중요하고 매수 가격도 중요하다. 하지만 단기적인 수익이 중요하다면 삼성전자 말고도 더 좋은 종목들이 많다. 삼성전자 주식을 조금이라도 더 싸게 사기 위해 매수 타이밍을 놓고 고민하고 있다면 삼성전자를 사지 마라. 고민해봐야 큰 실익이 없을 것이고 기존의 삼성전자 주주들에게도 도움이 되지 않는다. 삼성전자에 장기적으로 투자할 목적이라면 지금 들어가는 금액이 달라도 결과는 큰 차이가 없다.

사면 안 되는 사람의 질문 4: "언제 팔아야 하나요?"

●

'언제 사야 하는가?'라는 질문과 마찬가지다. 삼성전자에 투자하면서 단기적으로 10% 먹고 나갈 거면 투자하지 마라. 강남에 집을 사는 부자들은 언제 팔지 계산하고 사지 않는다. 그냥 사서 가지고 있는 것이다. 돈이 급한 사람들은 팔 시점을 고민한다. 그런 생각을 하는 사람이 많아질수록 자산 가격은 오르지 않는다. 주가가 상승할 만하면 그들이 주식을 팔아 주가 상승을 막아버리기 때문이다. 그런 사람들이 사라져야 주가가 오른다.

실제로 삼성전자 주가의 역사를 보면, 1만 원짜리 주식이 100만 원이 되기까지 30년 가까이 걸렸다. 하지만 100만 원짜리 주식이 200만 원이 되는 데는 1년이 채 걸리지 않았다. 주가가 싸서 개미

들이 사고팔기가 쉬우면 주가는 상승하기 어렵다. 하지만 주가가
비싸져서 개미들이 사고팔 수 없는 가격이 되면 주가는 더 오를 수
있다. 삼성전자 주식에 투자했다면 팔겠다는 생각을 버려라. 삼성
전자와 평생 함께하겠다는 생각으로 투자해라.

사면 안 되는 사람의 질문 5:
"다른 종목은 어떤가요?"

●

우리나라 주식시장에는 1천여 개의 종목이 있다. 해외주식까지 합
치면 투자할 수 있는 종목은 참 다양하다. 주식에 투자하다 보면
다양한 뉴스를 접하게 되고 그러다 보면 여러 종목에 관심을 갖게
된다. 하지만 이렇게 다양한 종목에 관심을 갖는 것은 삼성전자 주
식을 장기적으로 투자하는 데 도움이 되지 않는다. 왜냐하면 비교
대상이 생기기 때문이다. 주가는 매일 변동한다. 하루는 이 종목이
오르고 하루는 저 종목이 오른다. 삼성전자가 떨어지는 날 다른 종
목들은 오르기도 하고, 함께 떨어지기도 한다.

"아, 삼성전자 말고 바이오주 샀으면 더 많이 올랐을 텐데…"

이렇게 종목 간의 수익을 비교하고 있다면 삼성전자 주식을 투
자할 자격이 없다. 장기적으로 투자할 계획이라면 자식을 키우는
마음으로 투자해야 한다. 남의 자식은 장단점이 보이지만 내 자식

은 잘하든 못하든 사랑으로 이해해줘야 한다. 다소 부족하더라도 꾸준하게 믿음을 주고 투자해야 한다. 그러지 않고 남의 자식과 비교해가며 조금 부족하다고 야단치고 비난하면 자녀가 비뚤어질 가능성만 커진다. 투자하는 회사에 자식 키우는 마음으로 믿음과 신뢰를 보내는 주주가 늘어난다면 회사의 가치는 더 크게 상승할 것이다.

이렇게 투자 경험이 부족한 사람은 삼성전자 투자에 주의할 필요가 있다. 더불어 투자 경험이 많은 사람들 중에도 투자를 오락으로 하거나 단기 수익을 목적으로 하는 사람이 있다면 삼성전자에 투자하지 않길 바란다. 삼성전자의 기업가치를 믿고 장기적으로 함께할 투자자들이 많아질 때 삼성전자의 주가는 빛을 발할 것이다.

삼성전자우,
우선주를 사라

주식 검색창에 삼성전자를 입력해보면 '삼성전자우'라는 종목이 함께 검색된다.

"삼성전자는 알겠는데 삼성전자우는 또 뭐야? 다른 회사인가?"

같은 회사 같은데 다른 것 같기도 하고, 삼성전자 주식을 사야겠다고 결정은 했는데 막상 비슷한 게 하나 더 나타나니 갈등이 된다. '삼성전자우'는 어떤 주식일까? 자세히 알아보자.

투표권 있는 보통주,
투표권 없는 우선주

●

주식은 보통주와 우선주로 나뉜다. 주식시장에 상장되어 있는 대부분의 주식은 보통주이며, '삼성전자'(종목코드 005930)도 보통주다. 그리고 일부 회사의 경우 보통주 외에 우선주를 별도로 발행한다. 삼성전자의 우선주가 바로 '삼성전자우'(종목코드 005935)다. 종목코드 끝자리만 다르다. 보통주와 우선주는 주식의 종류가 다를 뿐, 한 회사의 주식이므로 기업이 잘되면 주식 가격이 함께 상승하고 기업이 어려워지면 함께 하락한다. 그렇다면 우선주는 무엇이고 왜 발행할까?

앞 장에서 귀에 못이 박히게 설명했듯이 주식의 본질은 주주가 되는 것이다. 주주가 되면 회사의 경영에 참여할 수 있고 주주 본인이 소유한 지분율만큼 의사결정권을 행사할 수 있다. 대한민국의 성인 국민은 누구나 동등하게 1인 1표의 투표권을 가지고 있다. 자산이 많다고 해서 더 많은 투표권을 주고 자산이 적다고 해서 투표권을 덜 주지 않는다.

하지만 기업(주식회사)은 그렇지 않다. 주식 지분을 더 많이 가진 사람이 더 많은 투표권을 가질 수 있다. 만약 A주주가 전체 주식 수의 51%를 보유하고 있다면 회사 경영과 관련된 대부분의 결정을 A주주 마음대로 할 수 있다는 뜻이다. 이런 구조이다 보니 회사 대표 입장에서는 투자를 받기 위해 주식을 계속 발행하는 것이 달 갑지 않다. 타인이 보유한 주식 수가 늘어날수록 대표 본인의 주식 보유 지분율이 줄어들기 때문이다. 그러다 결국 회사를 마음대로 경영하기 힘들어질 수도 있다.

"돈이 필요하니 투자를 받긴 받아야겠는데, 투자를 받더라도 경영에 간섭하지 않게 할 수 없을까?"

이런 고민 끝에 생긴 것이 바로 우선주다. 우선주는 보통주와 달리 의사결정권이 없다. 주식을 보유하고는 있지만 회사의 경영에 참여할 수 없다는 것이다.

그렇다면 같은 회사의 주식인데 우선주가 의사결정권이 없다면 그 대신 무언가 유리한 점이 있지 않을까? 우선주는 배당 측면에서 유리하다. 경영에 참여하지 않는 대신 배당을 더 받을 수 있도록 한 것이다. 실제 배당을 결정할 때 보통주주보다 우선주주에게 조금 더 높은 배당액을 지급하기도 한다. 하지만 우선주가 배당 측면에서 유리한 진짜 이유는 보통주에 비해 주가가 싸기 때문이다. 일 반적으로 우선주는 의사결정권이 없는 대신 보통주에 비해 주가가 저렴하다. 주가는 싸지만 배당은 똑같이 지급하기 때문에 배당 면에서 유리해진다. 정확한 이해를 위해 예를 들어보자.

삼성전자 보통주의 1주당 주가가 5만 원, 우선주의 1주당 주가가 4만 원이라고 가정해보자. 같은 회사의 주식이지만 우선주가 보통주보다 1만 원(20%) 정도 저렴하다. 투자자가 100만 원의 투

| 보통주와 우선주 비교 |

구분	주가	투자금액	주식 수	주당배당금	총 배당금	배당수익률
보통주	5만 원	100만 원	20주	1천 원	2만 원	2.0%
우선주	4만 원	100만 원	25주	1천 원	2만 5천 원	2.5%

자금으로 삼성전자 주식을 산다고 가정해보자. 보통주를 사는 경우 1주당 5만 원이므로 20주를 살 수 있다. 반면에 우선주를 사는 경우에는 1주당 4만 원이므로 25주를 살 수 있다. 동일한 투자금액으로 더 많은 주식을 살 수 있게 된다.

회사가 성장해서 주가가 오른다면 보통주나 우선주나 비슷한 비율로 상승하므로 5만 원이든 4만 원이든 주가에 관계없이 수익은 큰 차이가 없다. 하지만 배당에서는 차이가 발생한다. 왜냐하면 배당은 투자금액 대비로 지급하는 것이 아니라 보유주식 수에 따라 지급하기 때문이다.

삼성전자가 올해 배당을 보통주와 우선주에 관계없이 1주당 1천 원씩 하기로 결정했다면, 보통주를 20주 매수한 투자자는 2만 원의 배당을 받는다. 하지만 같은 투자금액으로 우선주 25주를 매수한 투자자는 2만 5천 원의 배당금을 받는다. 결국 투자금액은 같지만 우선주를 매수한 투자자가 배당금을 5천 원 더 받게 된다. 만약 삼성전자가 우선주주에게 더 많은 배당금을 지급하기로 결정한다면 이 차이는 더 벌어질 것이다.

이처럼 회사의 경영에 참여할 필요가 없다면 보통주를 매수하는 것보다 우선주를 매수하는 게 배당 측면에서 더 유리하다. 따라서 일반 투자자들은 보통주보다 우선주를 매수하는 것이 더 좋다.

어떤 사람들은 우선주가 가격 변동폭이 심해서 위험하다고 말한다. 실제로 대부분의 우선주들이 보통주에 비해 주식 수가 훨씬 적고 시가총액도 낮다 보니 시장의 흔들림에 민감하게 반응하기도 한다. 특히 작전 세력이 개입할 경우 주가를 의도적으로 조작할 수도 있다. 최근 삼성중공업 우선주 사례를 보면 삼성중공업 보통주는 큰 변함이 없음에도 불구하고 삼성중공우 주가가 급등락했던 사례가 있다.

하지만 삼성전자 우선주는 다르다. 보통주에 비하면 시가총액이 1/10밖에 안 되지만 규모가 50조 원이 넘는다. 시가총액 순위로는 3~4위 수준이고, 카카오나 현대차보다 큰 규모다. 다른 우선주와 맞대어 비교하기도 어렵다. 물론 그렇다고 무조건 우선주만 사야 하는 것은 아니다. 배당 면에서는 유리하지만 실제 우선주 가격이 보통주에 비해 덜 오른다면 매매차익에서 불리할 수 있다.

다음 그래프를 보자. 지난 10년간 삼성전자 보통주와 우선주의 흐름은 비슷했다. 그런데 보통주와 우선주의 주가는 차이가 나는데, 10년 전에는 우선주의 가격이 보통주 가격의 60% 수준이었던 반면, 지금은 87% 정도까지 따라왔다. 주가가 같은 방향으로 상

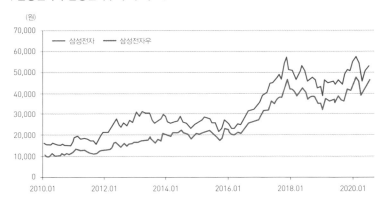

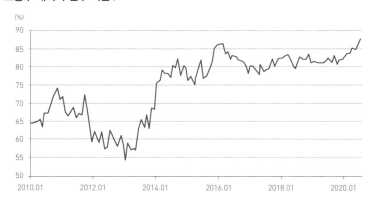

승했지만 보통주가 오를 때 우선주는 그보다 조금씩 더 올라왔다
는 말이다.

앞서 설명했듯 우선주는 배당성향과 금리에 영향을 많이 받는
다. 실적이 좋아서 배당률이 높아지면 우선주의 가치가 상승하고,

시중은행금리가 떨어져서 배당의 매력이 높아지는 경우에도 우선주의 가치가 상승한다. 지난 10여 년간 이 두 가지 원인이 작용하면서 우선주 가격이 보통주에 비해 더 많이 상승해왔다.

하지만 앞으로도 그럴까? 삼성전자 실적이 과거처럼 좋지 않다면 배당금액 자체도 언제든지 줄어들 수 있다. 게다가 금리가 상승한다면 배당의 매력도가 낮아져서 우선주와 보통주의 가격 차이가 벌어질 수도 있다. 또한 나중에 혹여라도 삼성전자 소액주주들이 의견을 모아야 할 경우가 생긴다면 의사결정권이 있는 보통주가 있어야 한다.

보통주를 살 것인가, 우선주를 살 것인가는 투자자가 직접 결정할 일이지만 너무 한쪽으로 치우치는 것도 바람직하지 않다. 그리고 우선주를 중심으로 투자한다 하더라도 이런 상황을 감안해 결정하는 것이 좋다.

그동안 우리나라 투자자들은 매매차익을 통한 수익률에만 집중하느라 배당의 중요성을 제대로 인지하지 못했다. 그렇게 간과하는 사이에 삼성전자 우선주의 90%를 외국인이 보유하고 있다는 것은 안타까운 사실이다. 이제부터라도 배당의 중요성을 깨닫고 배당을 하는 주식, 배당성향이 높은 주식, 우선주 투자에 조금 더 관심을 기울여볼 필요가 있다. 투기성 매매차익보다는 회사의 주주가 되어 배당을 받는 것이 주식 투자의 본질이기 때문이다.

삼성전자로
증여하라

삼성전자에 장기적으로 투자할 계획이라면 부모님들이 투자하는 것도 좋지만 자녀들이 투자하는 것이 더 좋다. 자녀들이 아직 소득이 없다면 증여를 통해 삼성전자 주식을 취득하도록 하면 된다. 자녀에게 증권계좌를 개설해주고 현금을 증여해 삼성전자를 매수해도 되고, 부모가 보유하고 있는 삼성전자 주식을 시가로 증여해도 된다. 어떤 방법으로 증여하든 자녀가 삼성전자 주식을 사게 되면 반드시 증여신고를 해야 한다.

일반적으로 자녀에게 돈을 주면서 돈을 줄 때마다 매번 증여신고를 하는 사람은 거의 없다. 상식적인 수준에서 자녀에게 용돈을 주는 것은 증여라고 보기도 어렵다. 하지만 삼성전자 주식을 사주는 것은 다르다. 삼성전자 주식을 증여하는 금액이 크지 않아서 굳이 증여신고를 하지 않고 주식을 사줄 수는 있다.

하지만 만약 삼성전자 주가가 올라서 자녀 계좌의 자산가치가 증가하면 문제가 달라진다. 사전에 증여신고를 하고 증여세를 납부한 자산이라면 자산가치 증가분이 모두 자녀의 자산으로 인정되지만, 증여신고를 하지 않았다면 자녀 명의로 된 차명 계좌일 뿐이다. 그제서야 증여를 하게 되면 자산 증가분까지 모두 증여신고를 해야 하므로 더 많은 증여세를 납부해야 한다. 10년을 단위로 해서 미성년자는 2천만 원까지, 성년 자녀는 5천만 원까지 증여 공제가 가능하므로 증여세가 발생하지 않는다. 따라서 이 정도의 금액을 증여해 삼성전자 주식을 사주는 것은 충분히 의미가 있다.

삼성전자 주식을
증여하는 진짜 이유

●

삼성전자 주식을 증여해서 증여세를 절세하거나 매매차익을 올리겠다는 목적도 중요하지만 사실상 삼성전자 주식을 증여하는 핵심 목적은 자녀에게 배당을 통한 소득의 원천을 만들어주는 것이다.

왜냐하면 성년이든 미성년이든 자녀에게 소득이 생기면 다양한 방법으로 추가 증여가 가능하기 때문이다.

부동산에 있어서도 대출이나 전세를 껴서 집을 사주고 대출이자를 갚게 하는 부담부증여 방식은 1차원적인 증여다. 그렇지만 증여한 부동산에서 자녀 명의의 월세 소득이 발생한다면 이야기는 완전히 달라진다.

자녀가 삼성전자 주식을 통해 배당 소득을 받았다면 그것으로 무엇을 해야 할까? 삼성전자 배당을 받았다고 해서 그 돈으로 밥 먹고 술 먹으면 안 된다. 그런 지출은 부모님께 받은 용돈으로 사 먹으면 된다. 삼성전자 배당 소득으로는 자녀 본인의 주택 구입, 투자, 연금 등 자녀 본인의 자산을 늘리기 위한 투자를 시작해야 한다. 자녀 명의의 배당 소득을 활용해서 추가로 자산을 이전하는 방법은 이 책에서 다룰 만한 분야는 아니므로 세무 전문가와 별도로 협의하길 바란다.

삼성전자를 통해
투자를 경험하게 하라

●

자녀 명의로 삼성전자 주식을 사줄 때는 한 가지 유의할 점이 있다. 주식을 사주는 게 중요한 것이 아니라 투자를 직접 경험하게 해서 투자의 위험과 올바른 투자 방법을 깨닫게 해주는 것이 중요하다. 따라서 자녀가 투자 사실을 인지하고 때로는 직접투자를 경험해보도록 교육하는 것이 좋다.

그런데 자녀를 너무 사랑하는 나머지 하나부터 열까지 모두 부모가 해주는 경우가 있다. 부모가 다 해주다 보니 자녀는 주식에 투자하는 방법은 고사하고 삼성전자 주식이 있는지조차 모르는 경우도 많다. 이렇게 되면 주식을 증여한 의미가 퇴색된다. 수년 후에 자녀는 부모가 만들어준 삼성전자 주식 계좌를 물려받게 되겠지만 그 계좌에 담긴 돈을 물려받았을 뿐, 주식 투자에 대한 개념이나 투자 방법, 철학은 전혀 알지 못한다. 결국 의미 없이 물려받아서 의미 없이 소비하게 될 것이다.

목돈이 생겼으니 소득 수준보다 부담스러운 외제차에 눈독을 들이거나, 사업한다고 이것저것 해보다가 말아먹을지도 모른다. 주식으로 불린 돈이니 뒤늦게 주식 투자를 해보겠다고 삼성전자를 팔아서 잡주에 투자하다가 결국 날릴 것이다. 부모가 10년간 불린 돈을 자식이 1년도 안 되어 말아먹을 가능성이 크다.

낳아주고 먹여주고 재워주고 공부시켜주고 다 해줬는데 돈 불리는 것까지 부모가 해주는 것은 자녀를 도와주는 게 아니다. 자본주의 사회에서 돈을 모르는 바보로 만드는 것이다. 자녀가 너무 어리다면 모르겠지만 성년이 되었다면 본인이 매달 꾸준히 주식을 사면서 수익도 체험하고 손실도 체험하게 할 필요가 있다. 때로는 배당을 받아서 여자친구 선물도 사주면서 투자의 재미를 느끼게 해주는 것도 좋다. 투자에 있어서 부모는 원포인트 조언을 하는 역할만 해줘도 된다. 결국 본인의 인생은 본인이 사는 것이고 스스로 헤쳐나가야 하기 때문이다.

돈을 줄 때
철학을 함께 물려줘라

●

삼성전자 주식을 자녀에게 증여하라고 하면 대부분 절세를 통해 자녀에게 더 많은 재산을 물려주는 데 관심을 둔다. 하지만 절세가 중요한 게 아니다. 삼성전자 주가가 올라서 자녀의 자산이 증가하는 것도 중요한 게 아니다. 어차피 날릴 돈이라면 절세나 수익이 무슨 소용이겠는가? 돈을 주려면 철학을 함께 줘야 한다. 철학 없이 돈을 넘겨주는 것은 자식을 망칠 뿐이다.

탈무드에 이런 글이 있다.

"자녀에게 물고기를 잡아주면 한 끼 식사를 해결해주는 것이지만, 물고기 잡는 법을 알려주면 평생 식사를 해결해주는 것이다."

자녀에게 돈을 주려면 돈을 만드는 방법도 함께 알려줘야 한다. 특히 자본주의 사회에서 살아갈 자녀라면 더더욱 돈에 대해 알아야 한다. 돈을 공부해야 하는 이유는 부자가 되기 위해서만은 아니다. 더 가난해지는 것을 막기 위해서다. 돈에 대해 모르면 지금 가진 것마저 부자에게 빼앗기고 결국 더 빈곤해질 것이기 때문이다. 우리 아이를 자본주의의 피해자, 자본주의의 노예로 만들지 않기 위해 지금 당장 돈에 대해 교육하고 올바른 투자 방법을 가르쳐야 한다.

초저금리 시대, 위험이 커져가는 시대, 안전한 것이 더 이상 안전하지 않은 시대에 우리의 자녀들이 위험을 무조건 회피하지 않고 과감히 도전하되, 위험을 관리할 수 있는 방법을 알게 해주자. 올바른 투자 방법을 깨닫게 하는 것이 삼성전자 주식을 증여하는 근본적인 이유다.

돈에 수익을 더하면 금융이 되고,
금융에 가치를 더하면 행복이 된다.
이것이 진정한 부의 진리다.

5장

부의 진리를 깨닫는 마지막 방법

돈에 대해 강의하는 사람으로서 끊임없이 떠오르는 고민이
있었다.

'돈이 많으면 돈의 주인일까?'

'돈이 있어야 행복하지만 돈이 많을수록 걱정도 많던데….'

그 고민에 대한 결론이 이 장의 내용이다. 진정한 돈의 주
인은 돈 때문에 걱정하지 않는다. 돈 때문에 불행해지지도
않는다. 왜냐하면 돈을 모으는 방법과 더불어 쓰는 방법도
알기 때문이다. 돈을 쓰는 방법을 안다면 돈이 많아도, 돈
이 적어도 돈의 주인이 될 수 있다. 부의 진리를 깨닫고 돈
의 주인이 되는 마지막 열 번째 방법, 치열한 자본주의 세
상에서 진정으로 행복하게 사는 방법을 알아보자.

천국에는
삼성전자가 없다

2014년 12월, 금괴를 도둑질한 일당이 구속되었다. 그런데 금괴를 도둑질한 사람들은 전문 털이범과 흉악범도 아닌 인테리어 업자였다. 인테리어 업자가 왜 금괴 탈취범이 되었을까? 과연 무슨 일이 있었던 것일까?

때는 수년 전으로 거슬러 올라간다. 서울에 사는 박 모 할아버지는 평생을 열심히 일해서 65억 원어치 금괴 자산을 모았다. 그런데 금괴를 들고 있자니 불안했다. 그래서 사무실 붙박이장 깊숙한 곳에 상자를 만들어 금괴를 묻어두었다. 혹시라도 빼앗길까 봐 아무에게도, 심지어 가족에게도 이야기하지 않았다.

그런데 시간이 흘러 박 모 할아버지는 치매에 걸리게 되었다. 치매는 완치가 되지 않고 점점 악화하다가 결국 기억을 상실하게 되는 질병이다. 문제는 사무실 붙박이장에 숨겨둔 금괴였다. 치매에 걸렸으니 이제 점점 기억을 상실할 터, 더 늦기 전에 가족을 불러다가 금괴의 존재를 알려야 했다. 하지만 치매에 걸린 사람이 본인이 치매라는 것을 깨닫기가 쉽지 않다. 결국 박 할아버지는 가족에게 금괴의 존재를 이야기하지 않은 채 치매로 고생하다가 돌아가시고 말았다.

그로부터 얼마 후 돌아가신 박 할아버지의 사무실에 화재가 발생했다. 가족은 인테리어 업자를 불러 사무실 수리를 맡겼다. 인테리어 업자가 붙박이장을 정리하던 중 깊숙이 숨겨진 상자를 열어보니 이게 웬일? 엄청난 양의 금괴가 들어 있는 게 아닌가. 상황을 보니, 가족은 금괴의 존재를 전혀 모르는 것 같았다. 인테리어 업자는 가족이 금괴에 대해 모른다는 사실을 확인하고는 그 금괴를 전부 훔쳐 갔다. 물론 가족은 금괴의 존재도 몰랐고 인테리어 업자가 금괴를 훔쳐 갔다는 사실조차 전혀 깨닫지 못했다.

아무도 모르게 영원히 묻힐 수 있었던 완전범죄였지만 이 사건은 우습게도 금괴를 훔쳐 간 인테리어 업자 동거인의 고발로 그 전말이 드러나게 되었다. 물론 도난당한 금괴는 절반 이상이 벌써 소진된 뒤였다. 금괴는 박 할아버지가 평생 열심히 일해서 모은 재산이었지만, 본인이 쓰지도 못했고 가족에게 물려주지도 못했다. 아끼고 아끼다 똥 된 셈이다.

돈의 노예는
모으기만 한다

●

안타까운 일이지만 앞으로 이런 일은 더 비일비재하게 벌어질 것이다. 평생 돈을 모았지만 모은 돈을 제대로 쓰지도 못하고 가면 다 무슨 소용일까? 다음 생이 있는 것도 아니고, 천국에 가져갈 수도 없는데 말이다.

앞 장을 통해서 돈을 잘 모으고 잘 관리해 돈의 주인이 되는 방법을 배웠을 것이다. 하지만 그렇게 모은 돈을 제대로 쓰고 가지 못한다면 과연 돈의 주인이라고 할 수 있을까? 잘 모으고 잘 불리는 사람만이 돈의 주인이라고 생각한다면 큰 오산이다. 모은 돈을 제대로 쓰지 못한다면 결국 돈을 모으기 위한 노예였을 뿐이다.

30억 원짜리 집에 살고 있다 한들 당장 쓸 돈이 지갑에 없으면 불행할 뿐이다. 수백억 재산을 가지고 있다 해도 자식들이 재산 분할 문제로 다투느라 가정이 붕괴된다면 돈의 노예가 되는 것과 다름없다. 진정으로 행복한 돈의 주인은 돈을 잘 쓰고 잘 물려준 뒤 만족하며 가는 사람이다. 그런데 가장 안타까운 사실은 돈을 모으는 데만 집중한 사람은 죽는 그날까지 모으기만 한다는 점이다. 평소에 돈을 많이 써보지 못했기 때문에 정작 돈이 많아져도 쓰는 것을 두려워해서다.

　얼마 전 강의가 끝난 후 할머니 한 분이 필자에게 질문을 하셨다.
　"강사님, 제가 얼마 전에 상가를 팔아서 이제 그 돈으로 아파트를 사려는데 어디다 사는 게 좋을까요?"
　질문을 듣고 할머니께 여쭤보았다.
　"할머니, 실례지만 연세가 어떻게 되세요?"
　"80살이요."
　할머니의 연세를 듣고 이렇게 답해드렸다.
　"할머니, 이제 그만하세요. 할머니 인생에 오늘이 가장 젊은 날인데, 무얼 살까 어디 살까 고민하지 마시고 그 돈 다 쓰고 가세요. 천국에 가지고 가실 거 아니잖아요."
　또 다른 사람들은 필자에게 이렇게 묻는다.
　"이렇게 돈의 주인이 되라고 책을 쓴 당신은 부자입니까?"
　자신 있게 답할 수 있다.
　"저는 부자가 아닙니다. 다만 저는 평생 돈을 벌 수 있는 일이 있고, 많지는 않지만 평생 쓸 돈도 준비되어 있습니다."

저축 → 투자 → 소비 → 상속,
진정한 돈의 주인이란

●

좋은 옷을 많이 가지고 있어도 입지 않으면 의미가 없다. 좋은 차를 가지고 있어도 주차장에 모셔놓기만 하면 아무 소용이 없다. 자본주의 사회에서 적정한 수준 이상의 돈을 가지고 있는 것은 중요하다. 하지만 보유한 재산의 규모보다 더 중요한 것은 그 돈으로 무엇을 하고 있고, 앞으로 무엇을 할 것인가다.

돈의 주인이 되라고 강의하면 대부분의 사람들이 '돈의 주인=부자'라고 생각한다. 돈의 주인은 부자다. 하지만 부자라고 해서 모두가 돈의 주인인 것은 아니다. 진정한 돈의 주인은 잘 모아 불린 돈을 잘 쓴 뒤 잘 물려주고 가는 사람이다.

삼성전자에 투자하는 목적도, 강남 부동산을 사는 목적도 결국 잘 쓴 다음 잘 물려주고 가기 위한 것이다. 모으고 불리는 데만 집중하면 많은 돈을 모을 수야 있겠지만 잘 쓰지 못한다면 결국 돈의 주인이 될 수 없다.

천국에는 삼성전자가 없고, 강남 부동산도 없다.

신토불이?
신재(身財)불이!

사람이 건강하게 살기 위해선 세 가지 기본적인 생리 활동이 반드시 뒷받침되어야 한다. 잘 먹고 잘 자고 잘 싸는 것이다. 셋 중에 하나라도 잘못되면 건강에 문제가 생긴다. 돈을 잘 활용하기 위해 필요한 재무적인 활동에도 이와 비슷한 세 가지가 있다. 잘 모으고 잘 지키고 잘 쓰는 것이다. 건강 관리와 마찬가지로 돈 관리 역시 셋 중 하나라도 잘못되면 어려움에 처해진다.

필수적인 건강 활동 세 가지와 필수적인 재무 활동 세 가지를 비교해보면 신기한 공통점 하나를 발견할 수 있다. 첫 음절의 자음이

같다는 것이다. 먹는 것의 'ㅁ'과 모으는 것의 'ㅁ', 자는 것의 'ㅈ'과 지키는 것의 'ㅈ', 싸는 것의 'ㅆ'과 쓰는 것의 'ㅆ'. 자음이 같다는 것은 어원이 같다는 것을 의미한다.

인간이 생존하려면 잘 먹어야 한다. 먹는 일은 몸에 에너지를 축적하는 과정이다. 돈도 마찬가지다. 세상을 잘 살아가기 위해 우리는 돈을 모아야 한다.

에너지를 축적했으면 몸을 잘 지키고 관리해야 한다. 너무 무리하게 사용하면 몸은 쓰러지기 때문이다. 그래서 몸을 지키는 가장 중요한 생리 활동이 바로 잠을 자는 것이다. 잠을 자는 시간은 돈을 모으느라 하루 종일 시달린 몸을 회복하는 과정이다. 돈도 그렇다. 열심히 모았지만 제대로 지키지 않으면 한순간에 잃게 될 수 있다.

잘 먹고 잘 잤으면 잘 싸야 한다. 싸는 과정은 먹은 음식을 잘 소화해서 영양분을 흡수하고 남은 찌꺼기를 몸 밖으로 내보내는 과정이다. 먹기만 하고 싸지 않는 것은 몸에 쓰레기를 쌓아두는 것과 같다. 쓰레기를 쌓아두면 몸은 비대해져 결국 탈이 날 수밖에 없다. 돈도 마찬가지다. 모으고 지킨 돈을 잘 써야 한다. 쓰려고 모으는 돈이지 쌓아놓으려고 모으는 돈이 아니다. 돈을 잘 쓴다는 것은 모은 돈을 적절한 곳에다 알맞게 쓰는 것이다. *잘 싸야 건강하듯 잘 써야 행복하다.* 돈을 어떻게 쓰느냐에 따라 행복의 크기가 달라진다.

이렇게 보면 건강한 신체 활동과 건강한 재무 활동의 어원이 같은 것은 우연의 일치가 아니다. 인간이 지구 상에서 수천 년 살아오는 동안 건강하게 사는 방법과 돈을 지혜롭게 잘 활용하는 방법에 큰 차이가 없었음을 역사적으로 보여준 것이다.

지난 수십 년 동안 우리나라는 후진국에서 세계 10위권의 선진국으로 성장해왔다. 국가와 사회, 그리고 가정을 성장시키기 위해 모두가 재산을 열심히 모으고 관리하는 데 집중해왔다. 그렇게 해서 잘 성장한 것은 사실이다. 하지만 적정한 소비 없이 성장에만 급급한 나머지 현재 우리는 성장에 따른 후유증을 겪고 있다. 잘 먹고 잘 잤다면 잘 싸야 하듯이 이제는 그동안 모으고 지켜온 돈을 잘 쓰는 방법에 대해 고민해야 할 때다.

연금을 가진 자가 펑펑 쓸 수 있다

어떻게 하면 돈을 잘 쓸 수 있을까? 돈을 모으고 불리기보다 더 어려운 일이 돈을 잘 쓰는 일이다. 특히 노후에는 더더욱 그렇다. 언제까지 살 수 있을지 모르기 때문이다. 돈을 불리는 일은 경제적인 부분이므로 일정한 패턴도 있을뿐더러 지식과 정보를 이용해 예측도 할 수 있다. 하지만 돈을 잘 쓰는 일은 수명과의 싸움이므로 가진 돈을 얼마씩 나눠 써야 할지 알기 어렵다. 하루에 얼마나 쓰면 될까? 다음의 공식에 대입해 하루에 쓸 수 있는 돈을 산출해보자.

$$\text{하루에 쓸 수 있는 돈} = \frac{\text{현재 내가 가진 돈(A)}}{\text{내 인생에 남은 일수(B)}}$$

현재 내가 가진 돈(A)을 내 인생에 남은 일수(B)로 나누면 내가 하루에 쓸 수 있는 돈이 얼마인지 나온다. 계산식만 보면 아주 쉽다. 문제는 변수 A를 알아도 변수 B는 모른다는 것이다. 만약 죽는 날이 정해져 있다면 모든 사람이 하루에 쓸 금액을 계산해서 가진 돈을 쓰는 데 집중할 것이다. 하지만 내 인생의 마지막 날이 언제가 될지 모르기 때문에 돈을 쓰기가 두렵고 인색해진다. 어떻게 될지 모르니 일단 모으는 데 집중한다. 그렇게 하루하루를 버티다 80, 90세가 되면 이제 어느 정도 살 날을 가늠하게 되는데, 정작 그때는 돈을 쓸 힘이 없다.

100세 시대, 연금은 저축이 아니라 보험이다

●

그렇다면 열심히 모은 돈을 효율적으로 나눠 쓰는 방법이 없을까? 그 방법을 고민해서 인간이 만들어낸 사회제도가 바로 연금보험이다. 보험은 말 그대로 위험을 보장하는 장치다. 역사적으로 보면, 우리 조상은 향약, 두레, 계 등의 제도를 운영해 어려울 때 상부상조해왔다. 평상시에 여러 명이 조금씩 돈을 모아두었다가 만약 누군가에게 위험이 닥치면 그 돈으로 도와주는 제도가 바로 보험이다.

우리나라에서는 보험을 저축으로 인식하는 경우가 많지만 사실상 보험은 저축이 아니다. 미래에 발생할 수 있는 위험에 대비해 일정한 비용을 지불하는 것이다. 집에 도둑이 드는 것에 대비하려면 보안시설을 설치해야 한다. 보안시설을 설치하는 데는 비용이 든다. 그런데 시간이 지나보니 도둑이 들지 않았다. 그렇다면 보안시설 설치비용을 돌려받을 수 있을까? 그렇지 않다. 도둑이 들지는 않았지만 안전한 보안시설을 통해 마음의 안정을 얻을 수 있었다. 그래서 비용을 지불한 것이다. 만약에 도둑이 들었는데 보안시설 덕택에 도난사고를 막았다면 보안시설 비용과는 비교도 안 될 정도의 자산 손실을 막을 수 있게 된다. 보험을 통해 자산을 지킨 것이다. 미래에 발생할 위험에 대비해 일정한 비용을 지불하는 것, 보험의 혜택을 받는 사람이 내가 될 수도 있지만 설령 내가 혜택을 받지 못하더라도 안심하고 살 수 있도록 해주는 것, 이것이 바로 보험의 역할이다.

100세 시대에 가장 큰 위험은
대책 없이 오래 사는 것이다

●

일반적으로 사람들은 암보험, 수술보험, 종신보험 등 질병과 상해,

사망에 대비한 보험만을 보험이라고 생각한다. 하지만 고령화 시대에 정말 중요한 보험은 바로 연금이다. 연금은 언제까지 살지 알수 없는 100세 시대에 장수의 위험을 대비하는 보험이자 안전장치다.

'노후자금을 얼마나 준비해둬야 적당할까?'

'언제까지 살지도 모르는데 준비해둔 노후자금이 떨어지면 어떡하지?'

'언제 죽을지도 모르는데 도대체 하루에 얼마씩 써야 할까?'

장수의 시대가 다가오면서 이 모든 고민이 시작되고 있다. 대책없이 오래 사는 것은 이제 축복이 아니라 위험이다. 이 위험을 대비하고 노후의 고민을 해결해주는 것이 바로 평생 지급을 약속하는 종신지급형 연금보험이다. 종신연금형 지급방식은 언제까지 사는가와 무관하게 사망 시까지 연금 지급을 약속하는 방식이다. 가입자 입장에서는 일찍 사망한다면 다소 불리하겠지만, 반대로 오래 산다면 평생 정해진 금액을 수령할 수 있고 납입한 돈과 비교해봐도 엄청난 혜택을 받게 된다.

반면 연금을 지급하는 국가나 금융회사 입장에서는 가입자가 오래 사는 것은 위험이다. 가입자가 납입한 보험료는 정해져 있는데 오래 산다면 납입한 보험료보다 훨씬 더 많은 돈을 지급해야 하기 때문이다. 따라서 종신연금의 지급액은 평균수명을 반영해 산출된다. 평균수명보다 짧게 사는 사람이 덜 받아간 돈으로 평균수명보다 더 오래 사는 사람에게 지급하는 구조다. 보험과 원리가 같기에 연금도 보험이라는 것이다.

일찍 사망한 사람이 덜 받아간 돈을
오래 사는 사람에게 주는 것

●

"일찍 죽으면 원금도 못 받잖아요. 남 좋은 일만 하는 거 아닌가요?"

연금에 대해 상담하다 보면 이런 말을 하는 사람들이 의외로 많다. 노후에 오래 살기를 원하면서 반대로 일찍 죽으면 손해 본다고 불평을 한다. 일찍 죽으면 원금을 돌려주고, 오래 살면 평생 연금을 받기를 바란다. 이거야말로 모순 아닐까? 저축도 되면서 보험도 되는 상품은 없다. 그런 상품이 있다면 돈을 이중으로 냈거나 판매자의 그럴듯한 포장에 속은 것일 뿐이다. 연금을 저축으로 생각하는 사람들은 이렇게 불평한다.

"국민연금은 유족연금을 중복해서 받을 수 없다면서요?"

"개인연금은 사업비가 많아서 수익률이 낮은 거 아닌가요?"

"주택연금은 국가에서 내 집을 훔쳐 가려는 거 아닌가요?"

이렇게 우리나라에 존재하는 모든 연금제도가 불합리하다고 말한다. 연금을 '얼마 내고 얼마 받는' 저축으로 생각하며 수익률로만 판단하기 때문이다.

얼마를 받는지보다
언제까지 받는지가 더 중요하다

●

연금 선택의 첫 번째 기준은 수익률이 아니다. 종신연금형 지급방식이다. 사망 시까지 평생 지급을 약속해야 한다. 이것이 연금을 선택하는 1순위 조건이다.

공적연금은 100% 종신연금형으로만 지급한다. 국민연금, 공무원연금, 사학연금, 군인연금 등이 이에 속한다. 연금수령자가 생존하는 동안 평생 지급을 보장하면서 연금수령자가 사망하면 유족에게 연금을 준다. 이것이 유족연금이다. 유족이 배우자라면 배우자가 사망하는 날까지 평생 지급하는 방식이다. 금액이 적다고, 중복 지급을 하지 않는다고 불평할 제도가 아니다.

금융회사에서 판매하는 개인연금에는 연금저축, 퇴직연금, 비과세연금보험 등이 있다. 개인연금의 연금 지급방식은 종신연금형뿐만 아니라 확정기간연금형, 상속연금형, 초기집중연금형 등으로 다양하다. 확정기간연금형은 10년, 20년 등 일정 기간만 연금을 받고 종료되는 방식이다. 상속연금형은 이자를 연금으로 받고 원금은 상속하는 방식이다. 초기집중연금형은 은퇴 초기에 연금을 더 받지만 나이가 들면 연금액이 줄어드는 방식이다. 연금상품에 따라 약간의 차이가 있지만 연금 개시시점에 가입자가 연금 지급방식을 선택할 수 있다.

개인연금은 연금 지급방식이 다양하지만, 그럼에도 불구하고 1순위로 둬야 할 것은 종신연금형이다. 평생 지급되는 종신연금이 중요하다는 사실은 이미 수많은 연금수령자가 증명하고 있다.

주택연금 역시 기본적으로 종신연금형으로 지급된다. 내 집에 살면서 평생 연금을 받기 때문에 일석이조다. 연금액이 적다고 불평하는 사람도 있지만 내 집에 거주하며 절약되는 주거비용을 감안하면 매우 유리한 제도다.

굳이 더 설명을 곁들이지 않더라도 종신연금은 평생 지급한다는 그 조건 하나만으로도 충분히 가치가 있다. 돈을 벌 능력도 떨어지고 언제까지 살지도 알 수 없는 노후에, 정해진 금액이 평생 고정적으로 나온다는 것은 노후의 삶에 가장 중요한 부분이다.

목돈과 연금의
열 가지 차이

대한민국에서 현재 노후를 보내는 사람들 중에 100% 행복한 집단이 있다. 바로 공무원 은퇴자들이다. 젊은 시절 사업을 해서 성공한 사람들 중에는 노후가 행복한 사람도 있고 그렇지 못한 사람도 있다. 하지만 공무원 은퇴자들은 모두 다 행복하다. 그들이 모두 행복한 노후를 보내는 이유가 뭘까? 바로 평생 지급되는 공무원연금이 보장되어 있기 때문이다. 재산이 많은 공무원도 있고 재산이 적은 공무원도 있겠지만 재산에 관계없이 연금만으로 이미 행복이 보장되어 있다.

반대로 대한민국에서 현재 노후를 보내는 사람들 중에 100% 불행한 사람들이 있다. 누굴까? 평생 불입한 공무원연금을 연금으로 받지 않고 일시금으로 수령한 공무원 은퇴자들이다. 공무원연금을 개시하는 시점에 공무원연금공단에서 이렇게 물어본다.

"지금까지 불입한 돈을 연금으로 받으시겠습니까, 일시금으로 받으시겠습니까?"

과거에는 연금의 중요성을 간과해 연금 대신 일시금으로 받은 은퇴자들이 꽤 있었다.

"일시금으로 받아서 사업을 해봐야지."라거나 "자녀들 결혼할 때 좀 보태줘야지."라며 일시금으로 받은 사람들은 모두 다 불행해졌다. 그리고 현재는 연금 없이 하루하루 힘든 노후를 보내고 있다. 일시금을 받아서 자녀에게 보태줬지만 이제는 그 자녀들이 부모에 대해 불평하기도 한다.

"다른 공무원들은 연금 받아서 잘 살던데, 우리 아버지는 일시금으로 받은 연금을 다 날려서 우리가 부양해야 하니 힘들어요."

지금껏 수많은 공무원 단체에서 강의해왔지만 공무원연금을 일시금으로 받아서 성공했다는 사례는 단 1건도 들어보지 못했다. 혹시라도 이 책을 읽는 독자 중에 그런 분이 있다면 꼭 연락주시기 바란다.

목돈과 연금 중에 무엇이 더 좋을까? 고민할 필요가 없다. 이미 증명이 끝난 문제다. 목돈과 연금에는 열 가지 차이가 있다.

〈목돈과 연금의 열 가지 차이점〉

1. 목돈은 내가 지켜야 하는 것이고, 연금은 나를 지켜주는 것이다.

2. 목돈 가진 사람은 불안하고, 연금 가진 사람은 꿈이 있다.

3. 목돈 가진 사람은 현재 부자, 연금 가진 사람은 평생 부자다.

4. 목돈 가진 사람은 "왕년에 내가~"라 하고, 연금 가진 사람은 "나는 앞으로~"라 한다.

5. 목돈 까먹는 데는 한도가 없지만, 연금은 까먹어도 한도가 있다.

6. 목돈을 날리면 평생이 힘들지만, 연금은 날려도 한 달만 참으면 된다.

7. 목돈 가진 사람은 호구가 되고, 연금 가진 사람은 갑이 된다.

8. 목돈 가진 노인은 일찍 가는 게, 연금 가진 노인은 오래 사는 게 자녀를 도와주는 것이다.

9. 목돈은 이벤트를 준비하는 것, 연금은 삶을 준비하는 것이다.

10. 목돈은 금융자산이지만 연금은 사회제도다.

연금의 중요성에 대한 더 자세한 내용을 알고 싶다면 필자가 2021년에 출간한 『연금부자들』을 참고하기 바란다.

100세 인생이 코앞으로 다가왔다. 우리 부모님 세대의 평균수명이 60세 남짓이었는데 불과 1세대 만에 평균수명이 30년 이상 길어졌다. 역사를 살펴보면 그렇게 장수를 원했던 진시황이 50세까지 살았고, 조선시대 왕들의 평균수명이 46세 정도라고 하니, 수백, 수천 년간 거의 변함없던 인간의 수명이 최근 수십 년 사이에 급격하게 증가한 셈이다. 변화라는 것은 여러 가지 측면에서 다양한 문제를 수반하는데, 그나마 변화가 서서히 일어나면 다행이지만 급격한 변화는 예상치 못한 문제와 충격을 가져오기 마련이다. 그리고 그런 문제를 해결하고 적응하는 데 엄청난 시간과 비용이 소모될 것이다.

최근에 코로나 바이러스로 인해 우리 사회가 엄청난 고통을 겪고 있지만 코로나는 백신이라는 해결책이 있다. 비록 지금은 고통스럽지만 백신이 개발되면 사회는 다시금 어느 정도 정상을 찾을 것이다. 하지만 평균수명의 급격한 증가로 인한 문제는 백신으로 몇 달 또는 몇 년 만에 해결되는 것이 아니다. 사회의 구조적인 틀이 바뀌는 것이므로 이 문제를 해결하기 위해서는 제도적인 대책도 필요하겠지만 근본적으로 사회 구성원들의 사고방식이 전환되어야 한다.

평균수명 60세 시대의 노후는 직장에서 퇴직한 이후 5~10년 이내의 짧은 기간이었다. 이는 삶을 정리하고 인생의 마지막을 준비하는 이벤트 기간에 불과했다. 반면에 평균수명 100세 시대의 노후는 기간으로 보자면 짧게는 30년, 길게는 40년이 넘는다. 어찌 보면 직장 생활보다 더 긴 기간이다. 즉 100세 시대의 노후는 짧은 이벤트 기간이 아니라 또 한 번의 삶, 인생 제2막이 되어가고 있다. 하지만 노후를 준비하는 사람들의 생각은 아직도 예전 기준에 머물러 있는 듯하다.

"일단 퇴직하고 나서 쉬면서 생각해봐야지."

"노후에는 여행도 다니고 취미를 즐기며 살아야지."

노후를 또 한 번의 삶이 아니라 바쁘게 사는 직장인에게 찾아오는 주말 정도로 여기는 것이다. 쉬는 것도 하루 이틀이지 30년을 쉰다면? 여행이나 취미를 30년간 한다고? 잠깐은 좋겠지만 결국 무언가 할 일을 찾아 나서게 될 것이다.

목돈 10억 원보다
평생월급 500만 원이 더 좋다

●

재무적인 부분도 마찬가지다. 대부분의 은퇴자 가정이 노후에 대한 고민 없이 목돈과 부동산자산으로 노후를 준비하고 있다. 하지만 노후를 진지하게 고민해보면 이 방법은 상당히 위험하다. 잠시 살다 가는 짧은 기간이라면 통장에 있는 돈을 소진해가며 노후를 보낼 수 있을 것이다. 그런데 30년 이상, 그것도 언제까지 생존할지 모르는 상태에서 통장에 있는 돈을 까먹으면서 보낼 수 있을까? 더군다나 노후는 젊은 시절과 달리 건강이 나빠지면서 판단력, 기억력, 활동력이 약해지는 시기다. 이런 시기에 목돈과 부동산이 나를 지켜줄 수 있을까?

사례를 들어 살펴보자. 회사에서 열심히 일한 대가로 매달 월급을 받는다. 그런데 만약 월급제도를 연간으로 바꿔서 매년 1회씩 한 번에 급여를 준다면 어떻게 될까? 처음에는 1년 치 연봉이 한 번에 들어오니까 풍족하게 생활할 수 있다. 하지만 얼마 지나지 않아 통장 잔액이 고갈되면서 재정적인 어려움을 겪게 될 것이고, 다음 해까지 남은 기간을 빚에 허덕이며 겨우 연명하게 될 것이다.

심지어 1년 치가 아니라 30년 치 월급을 한 번에 받는다면 어떻게 될까? 당장은 엄청난 금액을 받으니 행복하고 풍요롭겠지만, 과연 30년간 계획적으로 소비하고 버틸 수 있을까? 아마도 대부분의 가정에서 큰 문제가 발생할 것이다.

"그런 회사가 어딨어?"라고 반문하겠지만 불행히도 이런 상황은 많은 은퇴자 가정에서 벌어지고 있다. 노후 30년을 살아야 하는데, 소득에 대한 준비 없이 목돈을 들고 노후를 맞이하고 있는 것이다. 더군다나 몸도 성치 않은 60~70대 노인에게 노후 30년 동안 쓸 목돈이 한 번에 주어진다면 어떤 일이 벌어질까? 상상만 해도 소름 끼치는 일이다.

역사상 경험해본 적이 없는 초고령사회가 다가오고 있다. 무슨 일이 벌어질지 예측하기 힘들지만 목돈을 가지고 노후를 보내는 사람보다 연금으로 노후를 보내는 사람이 훨씬 더 안정적이고 행복하다는 것은 공무원 은퇴자들을 통해 이미 증명되고 있다. 더 늦기 전에 목돈보다 연금의 중요성을 깊이 생각해볼 때다.

연금을 할까요?
삼성전자 주식을 살까요?

"강사님, 돈이 있는데 연금에 가입하는 게 좋을까요, 삼성전자 주식을 사는 게 좋을까요?"

"개인연금 수익률이 낮은데 연금을 깨서 삼성전자 주식을 사는 게 낫지 않을까요?"

노후 준비와 투자를 동시에 강의하다 보니 이런 질문을 가장 많이 받는다. 이 질문에 대한 필자의 답은 항상 같다.

"노후 준비와 투자는 다릅니다. 노후 준비가 부족한 상태에서 주식에 투자하시면 안 됩니다."

어차피 삼성전자 주식에 투자한 돈을 노후에 쓰면 되니까 연금보다는 주식 투자가 더 낫다고 생각할 수 있다. 수익률만 보면 그럴 수 있다. 하지만 노후연금과 주식 투자는 절대로 같은 선상에서 비교해서는 안 된다.

연금은 노후에 안정적인 소득을 확보하기 위해 준비하는 것이다. 젊은 시절에 직업을 선택하고 일을 해서 고정적인 소득을 얻는 게 중요하듯, 일을 하지 않는 노후에도 고정적인 소득을 확보하는 것은 매우 중요하다. 따라서 국민연금, 퇴직연금, 개인연금 등으로 노후에 꼭 필요한 생활비를 확보하는 것이 투자보다 우선이다. 연금으로 기본적인 노후 준비가 되어 있는 상황이라면 남은 자금으로 투자를 해도 좋다. 하지만 기본적인 노후 준비가 부족한 상태에서 주식에 투자하는 것은 매우 위험한 일이다.

투자로 불려서 노후에
연금으로 쓰겠다고?

아무리 우량기업 주식에 투자한다고 해도 투자는 투자다. 주식 투자는 돈을 벌 수도 있지만 잃을 수도 있다. 노후자금을 주식에 투자했는데 주가가 떨어져서 손실이 발생한다면 노후에 큰 문제가 생기게 된다.

"손실을 봤다면 어쩔 수 없지만 반대로 주가가 올라서 수익이 나면 노후자금이 늘어나서 좋은 거 아닌가요?"

숫자상으로는 그렇다. 하지만 아이러니하게도 주식 투자를 해서 돈을 한번 벌어보면 주식시장을 빠져나오기가 더더욱 쉽지 않다. 투자로 계속 돈을 벌 수 있다는 생각 때문에 충분한 수익을 벌었는데도 투자를 종료하기 어렵다. 오히려 더 많은 자금을 투자에 투입하게 되기도 한다.

부동산 투자도 마찬가지다. 우리나라의 자산 구조를 보면 가계자산의 75% 이상이 부동산에 편중되어 있다. 더불어 지난 수십 년간 집값이 상승하면서 부동산을 보유한 사람들의 자산가치가 많이 상승해왔다. 그런데 고령사회로 접어들면서 부동산을 팔아 그 돈을 써야 할 시기가 되었음에도 불구하고 아직도 부동산자산 비중은 요지부동이다. 집으로 돈을 번 사람들이 집을 팔아서 노후자금으로 사용하지 않는다는 것이다. 오히려 허리띠를 졸라매면서 오늘도 내일도 죽는 그날까지 부동산 가격이 더 오르기만을 기다리고 있을 뿐이다.

도박에서 100% 성공하는 방법이 있다. 돈을 땄을 때 일어나는 것이다. 하지만 실제로 땄을 때 일어나는 사람은 찾기 힘들다. 이는 투자에 성공하든 실패하든 투자자금이 노후자금으로 돌아가기는 점점 더 어려워진다는 사실을 보여준다. 애초부터 노후자금의 목적으로 연금에 가입하지 않았다면 '투자로 돈을 불려서 노후에 연금으로 쓰겠다'는 말은 허울 좋은 구호에 불과하다.

노후 준비가 충분히 이루어지지 않은 상태에서 노후자금으로 투자를 한다면, 조급한 마음이 생겨서 투자도 실패하고 노후 준비도 물거품이 되기 쉽다. 하지만 노후 준비가 잘 되어 있다면 투자에 성공할 가능성도 높아진다. 투자를 하면서도 여유가 생기기 때문이다. 급하게 필요하지 않은 돈, 없어도 되는 돈으로 투자하는 것이 투자 과정에서 생기는 심리적인 위험을 줄이는 가장 좋은 방법이다.

연금 가입률이 가장 낮은 집단이 있다. 바로 증권사나 운용사에서 투자자산을 운용하는 직원들이다. 증권사에 근무하다 보면 매일 수십억, 수백억 원이 왔다 갔다 하는 것을 본다. 잘만 한다면 하루에도 수억 원을 벌 수 있다. 반면에 연금 수익률은 잘해야 연 2~3%, 투자형 연금도 연 5%를 넘기기 어렵다. 매일 엄청난 수익을 보고 있는 상황에서 연금 수익률이 눈에 들어올 리 만무하다. 그렇게 증권사 생활을 마치고 노후를 맞이하면 그제서야 연금의 중요성을 깨닫게 된다.

"그렇게 얕봤던 몇십만 원이 노후에 이렇게 소중할 줄 알았다면 연금이라도 제대로 들어둘걸."

그나마 매달 월급에서 꼬박꼬박 떼어 갔던 국민연금이 보배라는 것을 깨닫게 된다.

황금알을 낳는 거위의 배를
가르지 마라

●

연금을 준비하지 않은 채 투자부터 시작하는 것은 더 큰 황금이 탐나서 황금알을 낳아주는 거위의 배를 가르는 것이다. 배를 갈라서, 황금알을 낳는 거위가 죽는 것도 문제지만, 거위의 배에서 황금이 나오는 게 더 큰 문제다. 그 황금은 행복이 아니라 재앙의 시작이 될 가능성이 높기 때문이다. "나에게 주어진 황금이 행복이 아니라 재앙이라고?" 지금 당장은 이해되지 않는 사람도 있겠지만 이 말의 의미를 깨닫는 순간이 오지 않기를 바란다.

네잎 클로버의 꽃말은 '행운'이다. 그런 네잎 클로버를 찾기란 매우 어렵다. 우리는 네잎 클로버를 찾으려고 수많은 세잎 클로버를 밟는다. 그렇다면 세잎 클로버의 꽃말은 무엇일까? '행복'이다. 언제 올지 모르는 큰 행운을 얻고자 지금 눈앞에 있는 작은 행복을 짓밟는 우를 범하지 않기를 바란다. 연금은 금액이 크지는 않더라도 노후에 가장 안정적인 행복을 가져다주는 소중한 자산이다.

진정한 부자는
평생 일한다

"돈의 주인은 평생 일한다."

이 말을 듣는 순간 대부분 이런 생각이 들 것이다.

"지금도 일하기 싫어 죽겠는데 평생 일하라고? 평생 일하면 그게 돈의 주인이야? 돈의 노예지!"

이런 생각이 드는 게 정상이다. 일하기 지긋지긋해서 돈만 있다면 하루라도 빨리 직장을 그만두고 싶을 것이다. 그런데 이런 생각이 과연 정상일까? 대부분 그렇게 생각한다고 해서 그게 꼭 옳은 것만은 아니다. 일에 대해 다시 한번 진지하게 생각해보자. 우리는 왜 일하기 싫어할까? 그 이유는 의외로 간단하다. 자기가 하고 싶은 일을 하는 게 아니라 남의 집 일을 해주고 있기 때문이다.

직장은 남의 일을 대신 하러 가는 곳, 직업은 자기 일을 하는 것

●

현대사회는 많은 사람이 직장에 다닌다. 직장이란 일을 하는 장소를 의미한다. 다시 말해 직장을 다닌다는 것은 본인이 근무하는 회사를 간다는 것이고, 회사에 가서 하고 싶은 일을 하는 게 아니라 회사의 일, 회사가 시키는 일을 해야 한다는 의미다. 물론 회사에는 기획, 마케팅, 관리, 제조, 영업 등 다양한 업무가 있다. 하지만 이 모든 업무가 회사의 발전을 위한 일이지, 내가 발전하는 일이 아니다. 나는 회사의 부속품일 뿐이므로 내가 열심히 하면 회사는 발전하지만 내 인생은 달라지는 게 별로 없다. 회사 사장님만 부자로 만들어줄 뿐이다.

"업무를 배워놓으면 언젠가는 경력이 쌓여서 쓸모가 있겠지."

이런 마음으로 업무를 열심히 배워놓았는데 어느 날 갑자기 다른 부서로 옮겨 갈 수도 있다. 그러면 새로운 일을 다시 배워야 한다. 좋든 싫든 회사가 시키는 대로 일을 해야 하고 나의 선택권은 그리 넓지 않다. 물론 열심히 일하는 만큼 급여가 오르기도 하고 승진도 하지만 그것도 이 회사에 있을 때뿐이고 이 회사를 나가면 아무 쓸모 없는 일이 된다. 그중 일부는 경력을 인정받아 비슷한 업종의 다른 회사로 옮기기도 한다. 하지만 어느 회사에 있든 정년이 되면 퇴직해야 하고, 퇴직하고 나면 수십 년간 해온 일은 더 이상 쓸모없어진다. 회사를 퇴직하고 혼자 앉아서 기획을 할 수도 없고, 관리할 인력이나 물건을 만들 공장이 있지도 않을 테고, 물건을 사줄 고객이 있을 거란 보장도 없다.

젊은 시절을 다 바쳐 남의 집 일을 하다 보니 정작 내가 할 수 있는 일은 없다. 열심히 한다고 미래가 보장된 것도 아니니 하루하루가 힘들고 고될 뿐이다. 그저 빨리 월급을 모아서 이 짓을 그만두고 싶다. 이런 마음이 드는 이유가 바로 내가 하고 싶은 일을 하는 것이 아니라 직장(=남의 집)에 다니며 사장님이 하고 싶은 일을 대신해주었기 때문이다.

반면에 변호사, 의사, 자영업자, 연예인, 운동선수 등은 직업이라고 표현한다. 자기 일을 하기 때문이다. 자기 일을 하기가 직장을 다니는 것보다 쉽지는 않지만 본인이 하고 싶은 일이고, 원하는 한 평생 그 일을 할 수 있다. 일을 하는 사람도 나 자신이고 일을 시키는 사람도 나 자신이기 때문이다.

영화배우 이순재는 80세가 훨씬 넘었다. 고령에도 불구하고 현역 배우로 활발하게 활동하고 있다. 평생 연기를 했는데 지긋지긋하지 않을까? 하루빨리 은퇴하고 싶지 않을까? 그는 80세가 넘은 나이에도 배역을 맡고 죽는 순간까지 연기를 하고 싶어 한다. 자신이 하고 싶은 일을 하고 있기 때문이다.

이제 내가 정말
하고 싶은 일을 하자

●

평생 직장을 다닌 사람들은 빨리 은퇴하고 싶어 한다. 하지만 막상 은퇴하고 나서 3개월만 쉬면 쉬는 것도 힘들어진다. 꼭 돈이 필요해서가 아니라 무언가 일을 하고 싶고 인정받고 싶어진다. 다만 평생 남의 집 일을 하며 살았는데 인생 2막까지도 남의 집 일을 해야 할까? 다음 생이 또 한 번 있다면 이번 생은 대충 마감하고 다음 생을 잘 살아보자고 마음먹을 수 있다. 하지만 다음 생이 있는지는 알 수 없고 현재로서는 이번 생이 나에게 주어진 한 번의 삶이다. 그렇다면 이제라도 정말 내가 하고 싶었던 일, 내가 잘하는 일을 해야 하지 않을까?

돈의 주인은 일을 그만두고 이자를 받으면서 놀고먹는 사람이 아니다. 하고 싶은 일을 평생 할 수 있는 사람이다. 정말 하고 싶은 일이 있다면 평생 하고 싶어진다. 그러려면 미리 준비해야 하는데, 꼭 돈을 버는 일일 필요는 없다. 재능 기부를 할 수도 있고 사회 봉사를 할 수도 있다. 하루 종일 집에 앉아 돈을 까먹으며 죽을 날만

기다리는 사람은 진정한 돈의 주인이 될 수 없다.

평생 일하는 것의 가장 큰 장점은 돈을 쓸 시간이 없다는 것이다. 노후에는 젊을 때보다 돈을 덜 쓸까, 더 쓸까? 젊을 때는 활동이 왕성한 반면 노후에는 활동력이 떨어지므로 노후에 돈 쓸 일이 많지 않을 거라 생각하는 사람이 많다. 하지만 이는 잘못된 생각이다. 젊을 때는 활동이 왕성하지만 활동의 대부분을 돈을 버는 데 쓴다. 하루 24시간 중 9시간 이상, 일주일 중 5일 이상을 일한다. 그러다 보니 돈을 쓸 시간이 부족하다. 하지만 은퇴 이후에는 전혀 다른 상황이 발생한다. 일을 하지 않으니 하루 24시간, 1년 365일이 모두 돈을 쓰는 시간이다. 집 밖으로 나가기만 하면 그때부터 전부 돈이 든다. 집에 있어도 마찬가지다. 일을 할 때는 하루 한 끼도 집에서 먹기 힘들었는데 이제는 하루 세 끼를 모두 먹어야 하니 식비 부담이 커진다.

아무리 돈이 많다 하더라도 일을 하지 않은 채 하루하루 돈을 까먹다 보면 불안해지고, 결국 돈의 주인이 아니라 돈의 노예가 되어갈 수밖에 없다. 진정한 돈의 주인이 되고 싶다면 자신이 하고 싶은 일, 평생 할 수 있는 일이 있어야 한다.

진정한 부자는
돈에 가치를 담는다

몇 년 전 경제방송사의 재무상담 프로그램에 출연한 적이 있었다. 생방송으로 진행하면서 실시간으로 걸려 오는 시청자들의 전화 질문에 답변해주는 프로그램이었는데, 필자를 포함해 총 3명의 전문가가 함께 앉아서 상담을 진행했다. 한 시청자의 전화가 걸려 왔다.

"제가 기아자동차 주식을 2만 원에 샀는데 지금 5만 원이 되었어요. 지금 팔아야 할까요? 아니면 조금 더 기다려야 할까요?"

이 질문을 듣고 옆에 앉아 있던 주식 전문가 한 명이 답했다.

"수익을 많이 내셨네요! 축하드립니다. 많이 올랐으니 이제 파시는 게 좋을 것 같네요."

이 답을 듣고 있던 또 한 명의 주식 전문가가 반대 의견을 냈다.

"많이 오르긴 했지만 지금 기아자동차 매출이 늘어나고 있으니 조금 더 가지고 계시는 게 좋을 것 같네요."

두 전문가의 의견이 서로 갈렸다. 어차피 신이 아닌 이상 미래 일을 알 수 없으니 의견이 다르다고 이상할 건 없다. 진행자가 필자에게 물었다.

"이영주 전문가님은 어떻게 생각하세요? 팔아야 할까요? 아니면 기다려야 할까요?"

필자는 사실 재무상담 전문가이지 주식 전문가가 아니다. 매일 같이 주식 시황을 보지도 않는다. 그때 당시 기아자동차 주식이 얼마인지도 몰랐다. 필자는 질문에 이렇게 답했다.

"파세요! 팔아서 번 수익으로 가족들과 즐거운 여행 한번 다녀오세요. 먼 훗날 삶을 정리하실 때 주식으로 돈 벌었다는 걸 기억할까요? 아니면 가족들과 여행한 걸 기억할까요? 수익은 언제 사라질지 모르지만 추억은 평생 남습니다. 그동안 번 수익을 추억으로 바꿔보세요."

방송국에 잠시 적막이 흘렀다. 이제껏 방송에서 이렇게 답한 사람이 없었기 때문이다.

수익은 사라지지만
추억은 평생 남는다

●

돈을 버는 것은 중요하다. 돈의 주인이 되는 것도 중요하다. 하지만 돈이 중요한 이유는 쓸 곳이 있기 때문이다. 아무리 돈이 많아도 돈을 가지고만 있다면 아무 의미가 없다. 돈을 쓰고는 있지만 불필요한 소비나 순간의 쾌락을 느끼는 데 사용하고 있다면 돈이 사람을 망칠 뿐이다. 돈은 가치 있게 쓰일 때 진정한 힘이 발휘된다. 가치 있게 돈을 쓰면 좋은 기억은 덤으로 남는다.

돈을 가치 있게 쓰는 방법은 여러 가지가 있다. 가족을 위해 쓸 수도 있고, 어려운 사람을 돕거나 봉사활동을 하면서 사회를 위해 쓸 수도 있다. 돈을 가치 있게 쓰는 방법으로 필자는 여행을 추천한다. 사람마다 선호도가 다르겠지만 아마도 21세기를 살고 있는 사람들만이 누릴 수 있는 특권은 여행일 것이다. 조선시대나 고려시대에 태어났다면 대부분의 사람들이 태어난 동네를 평생 벗어나지 못하고 살았겠지만 지금은 전국 각지, 세계 곳곳을 자유롭게 여행할 수 있다. 21세기에 이 지구 상에 어떤 사람들이 어떤 모습으로 살고 있는지 알아보는 것은 매우 의미 있는 일이다.

사회생활을 하다 보면 고집스럽고 세상을 보는 시야가 좁은 사람들을 만나게 된다. 그들이 본인 생각을 고집하는 이유는 다양한 경험이 부족하기 때문이다. 평생 우물 안 개구리처럼 살면서 자기가 본 것이 전부이고 자기가 아는 것이 전부인 양 사는 게 얼마나 안타까운 일인가. 세상에는 다양한 문화와 생활방식이 존재한다. 다양한 세상을 경험할수록 자신의 생각이 얼마나 단편적이고 부족한지 느끼게 된다. 세상을 보고 듣고 체험하면서 지식의 범위를 넓히고 세상 사는 지혜를 깨달아가는 것, 그것을 모아 후세에게 전해주는 것, 이것이야말로 진정한 돈의 주인이 할 수 있는 가치 있는 일이 아닐까?

"할아버지는 돈이 많은 분이셨어. 삼성전자 주식을 사서 수익을 많이 냈지." 사후에 후손들에게 이런 이야기를 듣는 것보다 "할아버지는 세계를 여행하면서 많은 경험을 쌓으셨어. 어려운 사람을 도와주며 봉사활동도 많이 하셨고, 늙어서도 공부하고 자기계발을 하는 분이셨지."와 같은 이야기를 들을 수 있다면 더욱 값진 인생이 될 것이다.

진정한 돈의 주인은 돈에 가치를 담는다. 돈에 가치를 담으면 사람들은 당신의 돈이 아니라 당신의 이름을 기억할 것이다. 돈에 수익을 더하면 금융이 되고, 금융에 가치를 더하면 행복이 된다.

이것이 진정한 부의 진리다.

이제 서울을 떠나면
다시는 서울로 돌아올 수 없다

부동산, 주식, 정치, 사회 등등 이번 정부에서 시행하는 정책 대부분은 좋은 의도로 시작했겠지만 결과적으로 정부의 의도와는 다른 결과를 가져오고 있다. 의도적으로 그랬다면 정말 문제지만 의도 자체가 나빴을 거라고 생각하지는 않는다. 부동산 가격을 안정시키고, 공직자들의 윤리성을 강화하고, 검찰의 중립성을 확보하고… 정치 성향에 관계없이 대한민국 국민이라면 누구나 바라는 일이다. 그런데 결과적으로 보면 대부분 실패하고 있거나 실패하지는 않았더라도 엄청난 사회적 갈등과 분열을 일으키고 있다. 왜 그럴까?

각각 다양한 원인이 있겠지만 궁극적으로 보면 하나의 이유다.

법과 돈이 싸우고 있기 때문이다. 이런저런 제도를 만들어 법의 힘으로 돈의 힘을 막으려 하기 때문이다.

사람이 먼저다. 사람이 돈보다 중요하다. 백번 맞는 말이다. 그런데 사람을 위한 정책이 전혀 먹혀들지 않았고, 사람을 더 힘들게 만들고 있다. 제도가 나빠서가 아니라 그 제도를 쓰기에는 이미 너무 늦어버린 탓이다. 의사가 환자에게 약을 처방할 때 똑같은 약도 건강한 사람에게 쓰면 약이 되지만 건강이 악화된 사람에게 쓰면 오히려 독이 될 수 있다. 약을 쓰기 전에 환자의 상태를 보고 그에 맞춰 약을 쓸지 말지를 결정해야 한다.

사회도 마찬가지다. 아무리 좋은 제도라 할지라도 그 제도를 시행하기 전에 과연 이 제도가 우리 사회에 적절한지를 판단해야 한다. 이 사회는 자본주의 사회다. 우리가 인정하기 싫어도 돈이 주인이고 돈이 지배하는 시대가 되어버렸다. 이미 돈의 영향력이 막강해진 상태에서 돈의 힘을 제도로 통제하려고 하는 것은 잘못된 판단이다. 자본주의를 이해하지 못하고 만든 어설픈 제도가 잠자고 있던 돈을 수면 위로 불러왔고 돈의 힘을 더 강하게 만들어버렸다.

이젠 돈이 없으면 강남에 들어가고 싶어도 못 간다. 설령 돈이 생겨서, 청약에 당첨되어 강남에 들어간다 해도 각종 세금과 비용 때문에 오래 버티기 힘들다. 1년에 종합부동산세 1억 원을 내도

눈썹 하나 까딱하지 않을 수 있는 사람만 강남에 살 수 있다. 결국 강남은 그들만의 성(城)이 되고 일반인은 더더욱 들어갈 수 없게 될 것이다.

만약 돈이 충분하다면 지금이라도 성에 들어가라. 늦으면 늦을수록 들어가기 힘들다. 지금 성 안에 있고 버틸 능력이 있다면 최대한 버텨라. 성을 나올 수는 있지만 한번 나오면 다시는 들어갈 수 없다는 것을 명심하라. 반대로 성에서 버틸 능력이 없다면 하루빨리 나와라. 그리고 성에 들어갈 능력이 부족하다면 성 근처에서 얼쩡거리지 말고 빨리 포기하라. 어설프게 얼쩡거리다가 가진 것마저 빼앗길 것이다.

그렇다면 성 안에 들어가지 못하면 불행할까? 성 안에 들어가면 돈의 주인이 되고 성 밖에 있으면 돈의 노예가 될까? 돈이 많다고 돈의 주인이 되는 것은 아니다. 성 안에는 돈의 주인들만 있을 것 같지만 그렇지 않다. 돈이 많아도 돈을 관리하고 쓸 줄 모르면 돈의 노예가 된다.

성 안에서 돈의 노예로 사는 것보다 성 밖에서 돈의 주인으로 사는 것이 훨씬 낫다. 성 안에 들어갈 수 없는데 평생 성만 바라보며 산다면 불행한 삶이 된다. 차라리 깨끗하게 포기하고 현재 가진 것으로 인생을 행복하게 살 수 있는 방법을 고민하라.

성 안에 있으나 성 밖에 있으나 어차피 인생은 한 번이고 100년 이상 살기 힘들다. 그렇다면 기왕 사는 인생, 주어진 상황에서 더 행복하게 사는 방법을 고민하자. 그것이 자본주의 사회에서 돈의 노예가 되지 않고 돈의 주인이 되는 최선의 방법이다.

이영주

부의 진리

초판 1쇄 발행 2021년 2월 23일
초판 4쇄 발행 2021년 3월 10일

지은이 | 이영주
펴낸곳 | 원앤원북스
펴낸이 | 오운영
경영총괄 | 박종명
편집 | 김효주 최윤정 이광민 강혜지 이한나 김상화
디자인 | 윤지예
마케팅 | 송만석 문준영 이태희
등록번호 | 제2018-000146호(2018년 1월 23일)
주소 | 04091 서울시 마포구 토정로 222 한국출판콘텐츠센터 319호(신수동)
전화 | (02)719-7735   팩스 | (02)719-7736
이메일 | onobooks2018@naver.com   블로그 | blog.naver.com/onobooks2018
값 | 17,000원
ISBN 979-11-7043-169-5 03320